UMA OUTRA VERDADE

Dados Internacionais de Catalogação na Publicação (CIP)
(Câmara Brasileira do Livro, SP, Brasil)

Picazio, Claudio
   Uma outra verdade : perguntas e respostas para pais e educadores sobre homossexualidade na adolescência / Claudio Picazio. — São Paulo : GLS, 2010.

   Bibliografia
   ISBN 978-85-86755-58-3

   1. Homossexuais – Relações familiares 2. Homossexualidade 3. Homossexualidade – Aspectos sociais 4. Pais e filhos 5. Perguntas e respostas 6. Preconceitos I. Título.

10-09125   CDD-305.90664

Índice para catálogo sistemático:

1. Pais : Preconceito contra filhos homossexuais : Sociologia   305.90664

Compre em lugar de fotocopiar.
Cada real que você dá por um livro recompensa seus autores
e os convida a produzir mais sobre o tema;
incentiva seus editores a encomendar, traduzir e publicar
outras obras sobre o assunto;
e paga aos livreiros por estocar e levar até você livros
para a sua informação e o seu entretenimento.
Cada real que você dá pela fotocópia não autorizada de um livro
financia um crime
e ajuda a matar a produção intelectual em todo o mundo.

Claudio Picazio

UMA OUTRA VERDADE

Perguntas e respostas para pais e educadores
sobre homossexualidade na adolescência

UMA OUTRA VERDADE
Perguntas e respostas para pais e educadores
sobre homossexualidade na adolescência
Copyright © 2010 by Claudio Picazio
Direitos desta edição reservados por Summus Editorial

Editora executiva: **Soraia Bini Cury**
Editora assistente: **Salete Del Guerra**
Assistente editorial: **Carla Lento Faria**
Projeto gráfico e diagramação: **Acqua Estúdio Gráfico**
Capa: **BVDA/Brasil Verde**
Impressão: **Sumago Gráfica Editorial**

Edições GLS
Departamento editorial
Rua Itapicuru, 613 – 7º andar
05006-000 – São Paulo – SP
Fone: (11) 3862-3530
http://www.edgls.com.br
e-mail: gls@edgls.com.br

Atendimento ao consumidor
Summus Editorial
Fone: (11) 3865-9890

Vendas por atacado
Fone: (11) 3873-8638
Fax: (11) 3873-7085
e-mail: vendas@summus.com.br

Impresso no Brasil

Dedico este livro a David Aguiar, sem cujas mãos, dedicação, amizade, humor e iniciativa esta obra não teria se tornado real.

Agradeço a todos os clientes, pais e educadores que confiaram no meu trabalho.

À minha família – minha mãe, Irene; minha tia, Adélia; meu pai, Claudio; minha "boadrasta", Nena; meus irmãos, Ismael, Claudio e Dora –, pelo amor e carinho que puderam me dar.

A Piero, Adriano, Claudio, Mauricio, André, Thays, Jurandir, Egon, Inêz, Mônica, Emilia, Dú, Welson e Edna, pelo respeito, afeto, dedicação e carinho que transparecem em todos esses anos de amizade.

SUMÁRIO

Uma breve introdução, 11

PARTE I
As principais dúvidas dos pais

1. Preconceito e discriminação, 14
   Homofobia, 17

2. O dilema dos pais: um exemplo, 21
   Os limites dos pais, 24
   Diálogos no consultório, 26
   Conhecendo o outro, 31

3. A formação da identidade de gênero, 33
   Sexo biológico, 33
   Identidade sexual, 34
   Papéis sexuais, 35
   Orientação sexual do desejo, 37
   Atitude e desejo sexual, 38
   Travestilidade e transexualidade, 40

4. Perguntas comuns feitas por pais, 44

5. Namoro em casa?, 58

PARTE II
As principais dúvidas dos professores

6. O papel da escola na socialização, 64
   A heteronormatividade, 65
   Estereótipos, 67
   Uma história, 68
   Outra história, 69

7. Perguntas comuns de educadores, 70
   Dúvidas gerais, 70
   Trabalhando os preconceitos, 74
   O papel do educador, 78
   A luta por direitos, 83
   A homossexualidade na escola: dilemas, 85
   Desfazendo os achismos, 90
   Combatendo o preconceito, 94
   O que é homofobia?, 99

Referências bibliográficas, 102

UMA BREVE INTRODUÇÃO

Este livro nasceu pouco mais dez anos depois que lancei *Diferentes desejos* e *Sexo secreto*, ambos pelas Edições GLS. É resultado da necessidade que senti nesse período de registrar certas questões. Tive inúmeros convites para palestras, cursos e oficinas em todo o território brasileiro; conheci professores, mães, pais, médicos, instituições governamentais e não governamentais que trabalham com saúde e educação. Todos procurando lidar com a diversidade sexual e suas implicações. O preconceito, a falta de informação e os chavões que derivavam das experiências ou crenças pessoais eram a tônica. As explicações sobre sexualidade eram sempre difusas e, geralmente, ligadas a contextos religiosos e à ideia de procriação.

É essencial que se mantenham programas que capacitem essas pessoas para que elas possam, cada uma em seu papel, ampliar o respeito pelas diferentes formas de sentir e expressar a sexualidade. Notei que, quando pais e professores conseguiam entender a questão, percebendo que a homossexualidade não é desvio e sim *uma outra verdade* da expressão da nossa sexualidade, tudo ficava mais claro, tornando mais fáceis a quebra do preconceito e a formação de um novo paradigma.

Embora o livro esteja dividido em duas partes – uma para pais e outra para professores –, recomendo a leitura de toda a obra, pois sem um trabalho conjunto entre família e escola será muito difícil construir uma sociedade mais justa e sem preconceito.

Por onde passei, aprendi bastante, e espero ter colaborado com muitas pessoas. Aqui, reuni os tópicos mais comuns e respostas às dúvidas mais frequentes sobre o tema. Não escrevo baseado em achismos – ou simplesmente na minha opinião pessoal –, mas sim em muita leitura e aprendizado. Então, vamos em frente.

PARTE 1

AS PRINCIPAIS DÚVIDAS DOS PAIS

1. PRECONCEITO E DISCRIMINAÇÃO

> A injúria me diz o que sou na medida em que me faz ser o que sou.
>
> Didier Eribon

O *Novo dicionário Aurélio da língua portuguesa* (Ferreira, 1986, p. 1.380) nos dá um bom ponto de partida para uma definição clássica de preconceito:

1. Conceito ou opinião formados antecipadamente, sem maior ponderação ou conhecimento dos fatos; ideia preconcebida. 2. Julgamento ou opinião formada sem se levar em conta o fato que os conteste; prejuízo. 3. *P. ext.* Superstição, crendice; prejuízo. 4. *P. ext.* Suspeita, intolerância, ódio racional ou aversão a outras raças, credos, religiões etc.

Na obra *Sociologia* (2005, p. 208), o sociólogo inglês Anthony Giddens define preconceito como "as opiniões e atitudes de membros de um grupo sobre outros grupos". Os pontos de vista preconcebidos de uma pessoa, ou de grupos, geralmente se baseiam em achismos, estereótipos, boatos e/ou generalizações descabidas. Geralmente, os indivíduos nutrem preconceitos favoráveis ao grupo ao qual pertencem e negativos em relação aos outros. Tendem a resistir às mudanças mesmo diante de novas informações. Por essa razão, o preconceituoso dificilmente age de forma justa e imparcial.

Giddens afirma ainda que o preconceito define atitudes e opiniões. Já a discriminação refere-se ao comportamento propriamente dito em relação a um grupo ou indivíduo. Pode ser observada em ações que os excluam.

O preconceito é a base da discriminação, embora ambos possam existir isoladamente. Há duas correntes de pensamento a respeito de sua formação. Para uma delas, o preconceito é "natural", ou seja, nasce com o indivíduo. Um exemplo dessa concepção: dois ou mais grupos entram em contato ou confronto; nessa situação, os códigos morais e éticos dos grupos são observados e, se muito diferentes, tenta-se provar qual é o certo, o que tem valores melhores – geralmente por meio de atritos ou competições. O vencedor desse embate seria, assim, o portador da verdade. Grande engano. Essa mesma linha de pensamento acredita que o preconceito é inevitável e que ele está a serviço da manutenção da existência; para tanto, utiliza a competitividade para perpetuar suas crenças.

Essa interpretação pode ser criticada porque, segundo ela, não há coexistência de diversas formas de ser e pensar. Em vez disso, o mundo seria hierárquico, "do mais forte ou das maiorias", em detrimento dos tidos como minoria ou mais fracos. Já vimos (e vemos) na nossa história muitos massacres e guerras justificados por esse tipo de pensamento, o qual exclui as várias verdades.

Já a segunda corrente diz que o preconceito é "adquirido". Ou seja, existiria em função de um processo de aprendizado justificado por um sistema de valores pessoais ou coletivos baseados em ideologias e opiniões tomados como verdades. Estudos científicos apontam que o preconceito é adquirido e não natural, uma vez que muitas pessoas conseguem abandoná-lo depois de ter acesso à informação. Além disso, nem tudo que é diferente torna-se seu alvo.

Mas, afinal, por que somos tão preconceituosos? Não tenho a pretensão de explicar todas as facetas desse fenômeno, mas gostaria de apontar algumas atitudes que colaboram para que o preconceito se estabeleça. Desde pequenos somos encorajados a colecionar certezas sobre as coisas: quanto mais afirmarmos uma posição diante de determinada coisa e a defendermos, mais "inteligentes" e "espertos" seremos. Nossas certezas são geralmente incentivadas pela família, pela sociedade e pela mídia.

Vamos confirmando as nossas ideias e crenças ao reunirmos as opiniões de pessoas que admiramos ou por quem somos admirados. Vou dar um exemplo simples: times e torcidas de futebol. Identificamo-nos com um time e atribuímos estes aspectos positivos para justificar tal preferência. Muitas vezes, herdamos de pais e avós nossa escolha; assim, somos aceitos e acariciados por eles, sentimos que falamos a "mesma língua" do grupo familiar. Vamos para a escola e lá nos identificamos com colegas que torcem pelo mesmo time. Logo temos a sensação de que pensam e sentem como nós. Os aspectos negativos do time para o qual torcemos, assim como suas derrotas, são atribuídos ao mau desempenho do técnico; quase nunca o time como um todo é responsabilizado; e, quando se elege um culpado pelo fracasso, não queremos mais que tal jogador ou técnico pertença ao grupo. Acreditamos que nosso time é o melhor, lutamos para desvalorizar os outros e atribuímos características negativas a sua torcida e/ou a seus jogadores. Fazemos de tudo para manter nossa paixão, nossa escolha – nossa superioridade. Geralmente, confirmamos nossa posição desvalorizando a escolha do outro. Em última instância, porém, a agressão toma corpo, a briga e a força bruta são a maneira encontrada para tentar impor aquilo que julgamos ser a verdade.

Homofobia

O preconceito se faz muito presente na vida de pessoas homossexuais. Trata-se, nesse caso, da homofobia, que, de forma geral, significa a repulsa ou a aversão e o medo irracional ligados a qualquer coisa ou pessoa que remeta à homossexualidade. Esse sentimento pode ser consciente ou não, sutil ou declarado, o que caracterizaria a discriminação.

A homofobia é reforçada socialmente; há países, estados e instituições que assumem posições extremamente machistas, apregoam ideologias conservadoras e reforçam esse preconceito. As religiões cristãs colaboram com tal violência porque acreditam que a única forma de expressão da sexualidade aceita por Deus é a heterossexual, desvalorizando outras verdades da natureza humana.

O Brasil é campeão mundial em crimes contra homossexuais. Para o professor da Universidade Federal da Bahia (UFBA) e um dos fundadores do Grupo Gay da Bahia (GGB) Luiz Mott, o número de assassinatos é ainda maior do que o informado pela estatística oficial, mesmo porque muitas famílias, por vergonha, não admitem que seus filhos eram gays. A cada três dias, uma pessoa é morta simplesmente por ser homossexual. Esse dado se baseia em pesquisas feitas por organizações que lutam pelos direitos dos homossexuais e entidades de direitos humanos.

Ainda não existem leis contra esse tipo de crime no nosso país, mas houve avanços na pressão para que o Congresso aprove uma legislação específica. Trata-se de uma medida importante, pois as normas legais conferem igualdade de direitos aos cidadãos, e uma sociedade justa é aquela que protege a todos.

Apesar disso, sabemos que não são as leis que mudam a cabeça das pessoas, mas sim o conhecimento e a consciência de que todos têm o direito de ser felizes, cada um com sua verdade. Se o preconceito é fruto de uma decisão apaixonada sobre um tema, serve para garantir a nossa posição. A pessoa preconceituosa prende-se a seus achismos, não quer aprender fatos novos nem se colocar numa posição diferente; vangloria-se de seus preconceitos e preconiza a estagnação. Como somos também frágeis, agimos por ignorância e mantemos essa postura para sermos abraçados por um grupo ou alcançarmos uma aceitação social qualquer.

No que se refere à homossexualidade, as famílias, de modo geral, são as maiores preconizadoras e perpetuadoras de preconceitos. O campo da sexualidade, por ser de extensas possibilidades, é muito fértil, permitindo que opiniões errôneas e distorcidas se formem. Quando os pais desconfiam que o(a) filho(a) seja gay/lésbica, começam a emitir mensagens negativas sobre a homossexualidade, imaginando que, com a desaprovação, os filhos deixarão de ser homossexuais. Grande engano: o que provocam é o distanciamento.

Muitos pais creem, erroneamente, que o desejo sexual seja uma opção, e que os filhos fazem essa "escolha" para atacá-los. Porém, desejo erótico e desejo sexual não são opções. Ninguém, em nenhum momento de sua trajetória, parou para pensar se ia desejar homens ou mulheres. Opção implica escolha e esta para ser validade tem de ser feita por coisas de igual valor e/ou significado. O desejo sexual – ou, como chamamos, a orientação sexual do desejo – é descoberto pelo indivíduo, que se percebe desejante. Ele se descobre homo, hétero ou bissexual.

Mas os pais geralmente acreditam que a "culpa" de tal fenômeno resida na educação e/ou na influência de outros. Ora, se desejo sexual fosse influenciável, não existiriam homossexuais. O mundo é heteronormativo, feito para pessoas heterossexuais. As escolas, as religiões, os comerciais, tudo é construído pensando-se exclusivamente na heterossexualidade.

Rogério Diniz Junqueira (2010) nos lembra que o preconceito, a discriminação e a violência contra gays, lésbicas e bissexuais restringem os direitos básicos de cidadania desses cidadãos. No caso de travestis e transexuais, a situação se agrava. Essas pessoas, ao construírem seu corpo, sua maneira de ser, expressar-se e agir, não podem passar incógnitas. Por isso, não raro ficam sujeitas às piores formas de desprezo, abuso e violência.

Essa violência começa em casa. Muitos pais rejeitam e até expulsam do lar filhos e filhas que não correspondem ao comportamento e ao desejo sexual esperado. A violência física e psicológica torna-se a estrutura de um estigma fragilizado. São enormes a vergonha e o preconceito internalizados em um gay que conviveu com essa atitude familiar. O conceito atribuído ao homossexual torna-se parte do conceito pessoal que ele tem quanto à personalidade. A "ressignificação" (termo utilizado por Judith Butler) de si é o meio que pode lhe dar a chance de ter liberdade para se expressar.

Na escola, o medo e a vergonha são a tônica na vida dos homossexuais. Essa exclusão prejudica tanto os que não passam despercebidos quanto os que não são identificados pelo grupo. As piadas e o *bullying*[1] tornam-se a trilha sonora da vida dessas pessoas. Daí resulta um sentimento de vergonha que deixa marcas profundas.

A vergonha é o oposto do orgulho, e é nesse sentido que a afirmação vira uma das metas para homossexuais que conseguem lutar nesse cotidiano. Descobrir o orgulho de obter o respeito do outro, é uma questão de autoproteção. O índice de suicídios na adolescência é três vezes maior no caso de homossexuais. Em minha experiência clínica, atendi um casal de pais cujo filho cometera suicídio e havia deixado um bilhete com mais ou menos esses dizeres: "Desculpa pai, mãe, não quero

---

1. *Bullying*: termo inglês usado para designar um conjunto de ações agressivas ou intimidadoras, praticadas de modo intencional e repetitivo, direcionadas contra uma pessoa ou um grupo.

decepcionar vocês. Sou homossexual e isso magoaria muito vocês. Beijos". Nenhum pai, nenhuma mãe, acredito, gostaria de ver essa cena; mas, infelizmente, profetizam tal ação quando dizem alto e bom som que prefeririam um filho morto a um homossexual.

Para eliminar preconceitos, em um primeiro momento, temos de procurar respostas científicas acuradas, adquirir informação. Em segundo lugar, precisamos estar abertos para podermos reorganizar nossos valores e crenças. Criticar aquilo que, para nós, estava certo não é tarefa fácil nem confortável. As certezas e convicções ficam registradas na nossa história, e transformá-las significa mudar todo um modo de ver o mundo e se relacionar com ele.

Muitas pessoas dizem que querem crescer e evoluir, mas essa construção permanente será impossível se não desconstruirmos crenças antigas. Pais, mães, professores – enfim, todos aqueles com potencial contato educacional com os transexuais, travestis e homossexuais – precisam rever crenças e abolir preconceitos, não só porque individualmente podem evoluir, mas sobretudo para que, depois dessa mudança, possam colaborar em um processo de educação e acolhimento desse grupo de pessoas.

2. O DILEMA DOS PAIS: UM EXEMPLO

A história do casal Fernando e Raquel[1] nos fornece um exemplo de uma excelente atitude em relação à descoberta da homossexualidade de um filho. Tomo a liberdade de relatar parte dos nossos encontros na clínica em que os atendi. Acredito que esse relato contenha, de certa forma, muitas das dúvidas, preocupações, atitudes e frustrações que outros pais podem ou poderão ter. Vamos à história.

Quando Fernando e Raquel agendaram uma entrevista, logo pensei tratar-se de mais um casal em crise que precisava de ajuda para falar e ouvir mutuamente. No dia da consulta, recebi os dois na sala de espera. Fernando aparentava ter 40 anos; Raquel, pouco mais de 35. Era um casal bonito. Os dois estavam com o semblante preocupado, mas mostravam-se muito dispostos, pareciam felizes por estarem ali. Como de costume, perguntei: "O que os trouxe até aqui?"

Fernando prontamente respondeu: "Vimos uma entrevista sua e gostamos do que disse, daí fomos ao Google, puxamos várias matérias suas e estamos aqui". Quando eles me disseram aquilo fiquei curioso, pois a grande maioria do conteúdo rela-

---

[1]. Nomes fictícios. Os originais foram trocados por questões de sigilo.

cionado a mim na internet é sobre sexualidade, principalmente homossexualidade. Raquel, então, cutucou Fernando: "Vai direto ao assunto, amor".

Fernando falou em seguida:

– Nós temos um filho de 17 anos e uma filha de 13. Amamos muito os dois. Ele é atleta e faz natação. Descobri na semana passada um caderno de Bruno, uma espécie de diário. Não resisti e, à noite, eu e Raquel, deitados na cama, resolvemos ler. Bruno não estava em casa, viajara com a equipe do clube para um torneio. Começamos a ler o caderno e, em certo ponto, deparamos com as seguintes palavras: "Pedro, faz dois anos que te amo muito, infelizmente o mundo não está preparado para o nosso amor, mas mesmo assim espero que consigamos ficar juntos por mais alguns anos, nem que seja só nos treinos. Não há como viver um dia tranquilo se não tiver você ao meu lado…" E foi assim que eu e Raquel ficamos sabendo que nosso filho é homossexual. Claro, juntamos outros fatos: um distanciamento de nós, as conversas longas no celular com o – até então – amigo Pedro e a alegria que ele demonstra quando está com esse colega de natação. Ficamos chocados.

Raquel contou que chorou, pois via ruir o sonho de ser avó. Fernando a interrompeu, dizendo que não era bem assim. Ele olhou para mim e, de mãos dadas com Raquel, começou um discurso que, confesso, nunca tinha ouvido de um pai de um homossexual em 27 anos de clínica:

– Nós viemos aqui antes de falar com nosso filho. Queremos eliminar qualquer preconceito que possa existir em nós em relação à homossexualidade. Quando resolvemos ter filhos, eu e Raquel prometemos que sempre estaríamos dispostos a escutá-los, a ajudá-los a trilhar o caminho da felicidade. Acho que Deus nos pôs à prova, e nessa prova nós queremos passar com a melhor nota possível.

Raquel, emocionada, disse que a vida deles não foi fácil. Seus pais eram divorciados e não conversavam muito com ela – que, assim, acabou procurando explicações para a vida em livros, nos amigos e em Fernando. Ele, por sua vez, contou que os pais eram casados mas viviam como separados; tinham existências tão diferentes que, às vezes, eram estranhos dentro da própria casa. Esse clima e esse distanciamento eles não queriam. Fernando completou seu discurso dizendo:

– Nós acreditamos que são os pais que precisam dar apoio e condições para o filho se desenvolver. Nosso filho está passando por um momento difícil, diferente dos dilemas da maioria, e com certeza sofre com isso. Não queremos nos distanciar dele, queremos, ao contrário, entender melhor o que ele possa estar sentindo, dar-lhe condição de se expressar e namorar, de nos acompanhar com quem ele tenha escolhido para amar. Não acredito que um filho precise ficar cuidando de nós porque os nossos sonhos e expectativas foram frustrados. Nós é que devemos aprender a melhor maneira de nos relacionarmos com os nossos filhos. Assim podemos não só desenvolver aquilo que nós, como pais, acreditamos ser o melhor para eles, mas principalmente impulsionar sua capacidade de amar. Quero continuar sendo amigo do Bruno, e, para isso, preciso entender o que se passa com ele. Tirar todas as minhas dúvidas e as de Raquel a respeito da sexualidade dele.

Fiquei absolutamente emocionado com o discurso de Fernando e a concordância constante, demonstrada com sinais de aprovação, da Raquel. Lá estava um casal que, diferentemente da grande maioria, já partia de um ponto privilegiado. Ambos acreditavam que, como pai e mãe, eram eles que tinham de ser continentes em relação à dor ou angústia do filho. Eu sabia que eles teriam grande sucesso em sua tarefa, como realmente tiveram. E desejei que outros pais pudessem ser iguais a eles, ter essa abertura e disponibilidade para continuar amando muito o filho mesmo que ele tivesse abalado várias expectativas.

As sessões seguintes na clínica foram quase como programas de entrevistas, seguindo o modelo "perguntas e respostas". As dúvidas do casal eram mais ou menos as seguintes: em algum momento eles fizeram algo que levou à homossexualidade do filho? Por que a homossexualidade era considerada doença? Como contar para a família? Era melhor ele viver se escondendo ou assumir publicamente? Eles deveriam aceitar o namorado em casa, como aceitariam se ele namorasse uma menina? Como abordar Bruno e dizer que já sabiam da homossexualidade dele?

As respostas foram construídas pelo próprio casal e também pelas opiniões de nós três. Relatarei a seguir algumas dessas perguntas e respostas. Talvez elas ajudem outros casais a serem bons pais e outros filhos homossexuais a encontrarem uma maneira sadia de viver sua sexualidade.

Os limites dos pais

No nosso segundo encontro, a primeira coisa que Raquel quis saber era se eles, depois que tivessem conversado com Bruno, deveriam contar também para a irmã e para os avós, que são bastante próximos e adoram o neto. Respondi ao casal que a decisão devia ser tomada principalmente por Bruno. Disse a eles:

– A vida afetivo-sexual, em primeiro lugar, é de competência dele, que tem responsabilidades a assumir e atitudes a tomar. Vocês, de certa forma, já invadiram a intimidade dele lendo seu diário. Talvez ele o tenha esquecido de propósito, ou talvez porque tinha certeza de que vocês nunca ultrapassariam esse limite.

Fernando concordou comigo e, resignado, disse que pediria desculpas ao filho por ter lido o diário. O casal reconheceu o erro e afirmou que, mesmo por uma boa causa, não deveriam ter feito aquilo.

Fernando, então, mencionou a importância de sabermos da vida de nossos filhos, a vontade e a curiosidade de descobrir seus segredos. Ele perguntou: "Qual é o limite? Às vezes, o que poderia ser preocupação e atenção vira invasão e controle excessivo". Conversamos e vimos que o que determina os limites de tais atitudes é a intimidade e a relação transparente que os pais podem ter com os filhos, somadas às suspeitas que uma mudança repentina de comportamento pode gerar.

Os dois concordaram que a conversa franca e aberta é a melhor opção para estabelecer o respeito aos limites de cada um. Fernando lembrou que, se não tivesse lido o diário do filho, não estaria no consultório, tendo a oportunidade de se preparar para amparar o filho. Aquilo era verdade, mas mesmo assim não podemos afirmar que, em prol de um bom motivo, possamos ser desrespeitosos. No caso de Fernando e Raquel, essa "invasão" poderia proporcionar um retorno positivo: a aproximação da família. Mas esse tipo de atitude fere algo que talvez seja mais importante do que o amor, aquilo que, na verdade, muitos afirmam ser a base dele: a confiança.

Resgatar a confiança de Bruno após a invasão dos pais seria um segundo capítulo. Naquele momento, Fernando e Raquel começavam a tentar entender por que Bruno não confiou sua verdade a eles, uma vez que tinham uma relação tão positiva, afetiva e próxima. Levantei uma das hipótese: quando a relação é boa, mesmo com o vínculo de amor garantido, é muito difícil para os filhos, sabendo que têm ideias diferentes e outros desejos, frustrar os pais. Afirmei que o medo de não corresponder à expectativa dos pais e perder seu amor podia ter levado Bruno a ocultar sua verdade. Ele é o neto mais velho de quatro avós ansiosos por um bisneto, e o casal já havia me dito que gostaria de ter um neto. Afirmei, então, que o roteiro com uma expectativa hétero e a imagem de uma configuração família tradicional sempre foram perpetuados e mantidos na família.

Fernando contou que se sentia meio bobo e envergonhado, uma vez que sempre perguntara sobre meninas e incentivara Bruno a paquerar as colegas de natação. "Que doído deve ter sido isso para ele", disse o pai. Expliquei que a alta expectativa, mesmo que positiva, pode inibir uma ação. Mas acalmei-os dizendo que a atitude deles estava correta e que, comumente, os pais não reagiam daquela maneira. A maioria briga com os filhos, muitos batem neles, impondo sua verdade, e outros tantos expulsam-nos de casa. De fato, eles eram bons pais. Eu disse:

— Fiquem tranquilos, porque amor incondicional, se existe, é de nós para nós mesmos. Todo amor tem uma condição, e a condição que vocês impõem é das melhores. Vamos acreditar que esse amor de vocês pode aguentar a frustração. Até porque, agora que vocês sabem que Bruno é homossexual, ele parece se manter muito forte.

Fernando chorou e confirmou a minha afirmação. Eu disse a eles que Bruno, com certeza, os perdoaria pela invasão. Nesse momento, Raquel, delicadamente, abriu a bolsa e retirou várias folhas de papel, que deviam ter mais ou menos cinquenta perguntas. Rimos muito e, em seguida, tentamos responder a todas. Na continuação transcrevo algumas delas, pois ajudaram o casal a entender seu filho e a se transformar e crescer como pais.

Diálogos no consultório

Raquel levantou as primeiras questões:
— Eu li que se suspeita que a homossexualidade seja hereditária, que fatores genéticos poderiam influenciar o desejo; também li que é o convívio social (os amigos) que predispõe esse comportamento. E todo mundo fala que a culpa é nossa, que

nós, pais, não demos atenção nem amor suficientes, nem exemplos adequados. Mas, quanto a esta última afirmação, nós podemos jurar que não se aplica no nosso caso, sempre buscamos acompanhar nossos filhos sem sufocá-los. Fernando e eu somos presentes e temos certeza de que nossos filhos têm uma boa imagem de pai e mãe. O que aconteceu então?

Eu logo concordei:

– Raquel, você tem toda razão. A maioria das pessoas responde às questões da homossexualidade baseando-se na própria história, atribuindo a um fato doloroso a responsabilidade por sua existência. Caso pais e mães não tenham dado muito carinho para o filho, caso este tenha sofrido algum abuso sexual, a causa da homossexualidade será atribuída a esses fatores. Mas não é bem assim. O erro está em tentarmos descobrir uma causa. Ao fazermos isso, cometemos um grande erro: colocamos a heterossexualidade como padrão de sexualidade correto e único. E tudo aquilo que não é assim aparece como desvio, portanto não deveria sê-lo. Acredito que essa crença seja fomentada pelo fato de a maioria da população ser heterossexual. Mas a homossexualidade não é desvio de nada. Trata-se, sim, de outra forma – tão normal e sadia quanto possa ser a heterossexualidade, e também tão perversa e doente quanto – encontrada pela psique para manifestar o desejo afetivo e erótico. Ou seja, a hétero, a homo e a bissexualidade são expressões da sexualidade e podem ser sadias ou doentes, conforme nossa maneira de expressá-las. A questão genética está sendo muito investigada, e os pesquisadores logo vão encontrar algum gene que supostamente possa determinar um fator hereditário, mas tenho certeza de que encontrarão esse mesmo gene em alguns heterossexuais. Podemos e devemos acreditar na biologia, mas não como sendo responsável por uma condenação, e sim por uma tendência. Se a ela estiverem associados fatores externos, ligados à maneira como a pessoa pensa, sente e percebe o mundo, então determinado comportamento poderá ser estabelecido.

Fernando interrompeu minha fala e disse:

— É como se fôssemos árvores, todas são corretas, cada uma pode ser utilizada de determinada maneira, mas não há uma melhor do que a outra, todas são diferentes e têm sua beleza e função. Se a plantarmos em solo fértil, a árvore crescerá melhor; se a plantarmos em solo ruim, continuará sendo a mesma árvore, mas não tão frondosa.

Concordei com um movimento de cabeça e Raquel completou: "Ele é engenheiro florestal". Fernando prosseguiu:

— Se a homossexualidade tem cientificamente esse *status*, por que as pessoas tiram tanto sarro? Confesso que já tirei, mas por que o mundo a condena tanto?

Questionei:

— Vamos começar por você, Fernando. Por que você tirava tanto sarro dos homossexuais?

Ele fez cara de envergonhado, mas não desistiu da resposta.

— Sei lá, eu ia no embalo. Quando era moleque, ou não tão moleque assim – tinha a idade do Bruno – a gente zoava um cara do colégio que tinha um jeito bem afeminado. Todo mundo, inclusive eu, tirava sarro dele. Confesso que a gente pegava pesado e às vezes eu ficava chateado por fazer isso. Tive até vontade de conversar com ele, que ficava sempre isolado. Mas eu não podia, porque seria ridicularizado também, e isso eu não queria.

Interrompi e disse:

— Você já está dando uma resposta, ficar condenando e rechaçando alguém pela sua homossexualidade é uma maneira de confirmar sua própria heterossexualidade. Ao falar mal de um homossexual, excluí-lo de jogos e brincadeiras ou agredi-lo, o grupo diz: "Nós, machos, falamos disso, praticamos esses esportes e nos comportamos dessa maneira. A vocês, gays, cabem outras funções, façam aquilo que nós não fazemos. Vocês podem fazer coisas que competem ao mundo feminino". Assim, ele sente que só pode viver naquele lugar determinado e, para "sobreviver", assume essa postura. Os mundos ficam segregados, e o poder do hétero se garante e se reafirma.

Fernando não esperou que eu terminasse:

– Não quero que meu filho passe por aquilo que causei àquele colega. Sei que não posso mudar o mundo, mas posso fazer algo pra que meu filho se defenda de babacas como eu fui.

Raquel contou que adorava um amigo gay do colégio, ambos eram muito próximos. Não conversavam sobre a homossexualidade, mas ficava claro que um respeitava o outro e que não teriam problemas com isso. Com o comentário de Raquel, Fernando nitidamente se sentiu mais aliviado. Então, eu disse a ele que ficasse tranquilo, pois um filho gay não era um castigo pelo mal que ele pudesse ter causado a outra pessoa. Ser gay não pode ser encarado como um castigo divino.

Sua esposa confirmou:

– Você acabou de nos dizer que é uma maneira tão correta quanto as outras de viver a sexualidade. E estamos nós aqui procurando a culpa por um desvio que não existe.

Fernando a cortou com uma exclamação:

– Esse é um preconceito que vou ter de derrubar na marra! Meu filho pode ter essa sensação em relação a várias pessoas, mas a mim não vai ter.

Então, retomei a questão levantada:

– O preconceito é enorme e, infelizmente, é reforçado pela mídia, por exemplo. A maneira estereotipada e superficial com que se trata o gay nos programas cômicos é humilhante. São veiculadas muitas entrevistas em que homossexuais falam de sua vida e dão depoimentos pessoais constrangedores. Programas infantis perpetuam a imagem do gay como uma pessoa burrinha e divertida, fútil e sexualizada. O preconceito também serve, como você nos contou, para garantir a heterossexualidade. É como se eliminando ou distanciando o gay adquiríssemos um poder sobre ele e nos confirmássemos como machos héteros. O primeiro passo para quebrarmos o preconceito é este: percebermos o que há de científico e acurado a respeito dos desejos eróticos. Em seguida, devemos descobrir por que precisamos confirmar o tempo todo a heterossexualidade. Por que o heterossexual, em filmes ou nos programas humorísticos, precisa sempre fazer o papel do cara que enlouquece ao ver uma fêmea também estereotipada – apresentada de forma muito parecida com a representação do gay: burrinha, divertida, fútil e sexualizada? O homem heterossexual se autoafirma negando a homossexualidade, e, nesse momento, transforma-se num carrasco para aqueles que julga serem diferentes.

Continuei a explicação:

– Outra raiz desse preconceito está nos papéis sexuais que ainda determinamos para meninos e meninas. Apesar de grandes conquistas, ainda associamos a maneira de ser de alguém e gostos por determinadas coisas com a sexualidade. Um garoto que não seja violento e uma menina que não seja delicada correm o risco de ser vistos como gays e lésbicas. O homem heterossexual típico não entende esses papéis mais flexíveis. Condena o outro, calunia e segrega aqueles que não se comportam conforme o padrão tradicional. Outro ponto importante é observar se, em algum momento, vocês não desejaram alguém do mesmo sexo e tiveram muito medo por isso. Reafirmar preconceitos e fazer deles uma arma é uma maneira de se defender daquilo que possa estar em nós ou do que, no mínimo, tenhamos medo de ser.

Resolvi retomar a história que Fernando contara sobre a zombaria do colega gay:

– Caso você conversasse com ele, certamente seus amigos mexeriam com você, mas é superimportante percebermos que alguém confortável com sua heterossexualidade faria diferente. Um exemplo: o jornalista Xico Sá certa vez escreveu que homem heterossexual de verdade era aquele que podia dormir na mesma cama com seu amigo gay e ter um sono tranquilo. Se não temos desejo, qual o problema de estarmos com o outro? Essa afirmação de Xico pode ser comprovada mais facilmente em relação às meninas e seus amigos gays. Muitas delas abraçam e beijam o amigo gay, e nada acontece. O gay fica tranquilo por estar com sua amiga hétero, pois não há desejo. Pode amar a amiga, mas não eroticamente. Eliminar o preconceito é fazer o que vocês estão fazendo. É encará-lo e perceber até que ponto ele está infiltrado na mente. Questionar o que antes era certeza e entender que, na verdade, tratava-se de uma construção adquirida, criada para que vocês afirmassem sua identidade.

Conhecendo o outro

A seguir, perguntei ao casal por que era tão difícil imaginar Bruno abraçado, passeando e falando amorosamente com outro rapaz.

Raquel, de imediato, respondeu:

– Acho que é falta de costume, e o medo de que meu filho fique feminino, mas não no sentido de gostar de coisas de que uma mulher pode gostar, isso tudo bem. Tenho receio de que ele queira ter aparência de uma menina, que queira se vestir como elas.

Fernando acrescentou:

– Isso é preconceito?

– Não necessariamente – respondi. Essa pergunta mostra até que ponto se ignoram as questões da homossexualidade. O homossexual masculino tem a identidade correspondente a seu sexo biológico. Portanto, ele se sente homem e deseja outros homens, tanto que a maioria dos gays aumenta sua masculinidade: vai a academias e pratica esportes que definem a musculatura. Bruno, provavelmente, tem um corpo bem desenvolvido e com formas masculinas, até pelo esporte que pratica.

Os dois concordaram. Completei dizendo que, para entrar no assunto dos homens que se vestem e se comportam como mulheres, era preciso antes entender os fenômenos da transexualidade e da travestilidade. Encerrei aquele encontro lembrando que, para que as novas informações fossem rearranjadas e ganhassem um significado mais ativo, seria preciso dar tempo ao tempo. O casal tranquilizou-se, garantindo o retorno.

Uma semana depois, nova sessão, e abordamos o tema da diferença entre homossexualidade e travestilidade. Fernando questionou:

– Você já disse que homossexual é diferente de travesti, mas não conseguimos entender todas essas variações que aparecem na televisão. As pessoas são muito diferentes; parece que o mundo hétero é mais simples. Como funcionam e se organizam esses desejos dentro da gente?

O casal precisava de uma aula e, realmente, desejava uma compreensão mais consistente do ponto de vista científico, algo que acabasse com os achismos do senso comum. Falei, então, sobre a composição da sexualidade ou a formação da identidade de gênero, tema que apresentarei no próximo capítulo.

3. A FORMAÇÃO DA IDENTIDADE DE GÊNERO

Para entendermos a sexualidade, precisamos analisá-la sob quatro aspectos diferentes, mas interligados: 1) sexo biológico; 2) identidade sexual; 3) papéis sexuais; 4) orientação sexual do desejo. Essa divisão não é estática, e sim apenas didática, pois todos os aspectos se intercalam e formam, dentro de nós, aquilo que chamamos identidade de gênero.

Sexo biológico

Nosso corpo é importante para a sexualidade? Claro que sim, pois é por meio dele que sentimos, que recebemos e damos afeto e prazer ao outro. Nosso corpo é tão importante no que concerne à percepção que temos de nós mesmos que, para muitos, caso ele não esteja de acordo com o esperado socialmente, é preciso transformá-lo para ter um relacionamento melhor consigo e com os outros. Por isso recorremos a expedientes que vão do simples regime à cirurgia plástica.

Do ponto de vista biológico, quantos sexos existem? Apenas dois, masculino e feminino. Quando nascemos, de acordo com nossas características corporais, somos registrados como machos ou fêmeas. Essa afirmação parece simplista e óbvia, mas não é bem assim. Quando falamos em sexo masculino ou feminino, estamos nos referindo às características dos órgãos sexuais e à predominância deles em nosso corpo. Reforçando: na nossa espécie, só há registro civil de dois sexos.

Muitas pessoas nos anos 1970, por uma questão de distinção ou até de modismo, começaram a chamar a homossexualidade de terceiro sexo. Isso não é verdade e só confundiu ainda mais a questão; muitos passaram a encarar a pessoa homossexual como representante de uma variante da espécie humana. Biologicamente, não há a menor diferença entre os homens hétero, bi e homossexuais, assim como as mulheres hétero, bi e homossexuais pertencem ao mesmo grupo.

Quando alguém diz que "gay não é homem", está enganado. O gay é tão homem quanto qualquer outro, a única variação é o alvo de seu desejo sexual. Mas, como diz o ditado, toda regra tem exceções. Um exemplo é o hermafrodita, nasce com órgãos sexuais masculinos e femininos. Mesmo assim, hoje em dia, faz-se uma análise do fenótipo e, depois do resultado, realiza-se uma cirurgia para a "correção" desse hermafroditismo; depois disso, a criança é registrada como menino ou menina. O próximo tópico nos ajudará a entender tudo isso.

Identidade sexual

Quando a criança nasce, como já vimos, é registrada como menino ou menina. A partir daí, é tratada como tal e vai desenvolvendo, internamente, a sensação de pertencer a um gênero. Com o tempo, o indivíduo passa a se ver como menino ou menina. Assim, a forma como somos tratados é tão importante quanto o sexo biológico para a formação da identidade sexual.

Podemos dizer que tudo parte dessa premissa. Mas ela não basta para que nossa identidade se estabeleça. O nosso sexo biológico e a maneira como somos tratados são importantes para nossa identidade sexual, mas não a definem. Ser homem ou mulher corresponde a uma sensação, uma percepção que temos a respeito de nossa "alma". Para entendermos um pouco melhor esse raciocínio, imaginemos uma mulher que, por uma enfermidade, tenha sido obrigada a fazer uma cirurgia para a retirada das mamas. Ela não vai deixar de se sentir mulher, e provavelmente desejará colocar no corpo algo que represente esses seios perdidos – talvez próteses, talvez enchimentos. Mesmo sem seios, ela não se sentirá um homem. Sua identidade sexual continuará preservada em sua psique. Portanto, a identidade sexual não depende tanto do corpo para se manter. Reafirmo: ele é importante para seu desenvolvimento, mas a sensação de quem somos é muito maior e muito mais profunda do que aquilo que o corpo pode dizer. Retornaremos a esse aspecto quando falarmos de transexualidade e travestilidade.

Papéis sexuais

Entendemos como papéis sexuais todos os comportamentos – os maneirismos, atitudes, expressões – ligados àquilo que chamamos de masculino e feminino. Esses papéis variam de cultura para cultura, de sociedade para sociedade, e estão em constante transformação. Aquilo que há vinte anos fazia parte exclusivamente do papel feminino hoje pode ser considerado como integrante também do masculino. As mudanças sociais e econômicas, assim como o movimento feminista, transformaram as posturas rígidas atribuídas a homens e mulheres. Um exemplo: o brinco. Na década de 1970, um homem que aparecesse com tal adereço seria considerado, automaticamente, gay. Hoje, a situação é bem diferente, muitos garotos colocam até mais que um brinco para se mostrar mais masculinos e ficar mais atraentes para o sexo feminino. Conclui-se, então, que o brinco, em si, não é masculino nem feminino.

No entanto, internamente ainda temos enraizados os papéis sexuais e a análise que fazemos deles para julgar o outro. Uma mulher que não se identifique muito com os papéis femininos típicos provavelmente apresentará características e atitudes associadas ao grupo masculino, e tenderá a ser "diagnosticada" pelos outros como lésbica. Da mesma forma, um rapaz que não se identifique com os papéis masculinos impostos poderá ter atitudes e características mais femininas e, com isso, ser visto erroneamente como gay.

Mas os papéis sexuais não determinam o desejo erótico. Papéis sexuais determinam as ações e atitudes que incorporamos. Como exemplo, podem-se citar as profissões. Ainda afirmamos que algumas são femininas e outras masculinas. Se dissermos que "Serginho é um excelente cabeleireiro", 90% dos interlocutores pensarão que Serginho é um bom profissional e também gay. Apesar desse preconceito, muitos cabeleireiros não são gays. Da mesma forma, uma trabalhadora da construção civil tenderá a ser rotulada como lésbica por exercer uma atividade tida como masculina.

Esses aprisionamentos vão criando crenças errôneas e limitando nosso potencial. Reafirmo: os papéis sexuais não determinam o desejo erótico. Um garoto que não goste de futebol nem de esportes violentos tenderá a ser considerado como "mulherzinha", entre tantos outros nomes pejorativos associados à homossexualidade. Com isso, afirma-se que o homem heterossexual de verdade tem de ser violento, assim como a mulher heterossexual deve ser passiva e meiga.

Assim, estabelecemos uma divisão muito simplista entre os gêneros, a qual é, em geral, imposta às crianças, gerando um comportamento que, mais tarde, dificilmente será abandonado. Na verdade, existem homens heterossexuais violentos e gays violentos, assim como homens heterossexuais e homossexuais que não são violentos. Portanto, não devemos classificar uma pessoa pelos trejeitos que ela possa ter. O "jeitinho" não nos diz muita coisa, apenas indica com qual dos papéis a pessoa se identifica.

Orientação sexual do desejo

Muita gente fala em "opção sexual" em vez de referir-se à "orientação sexual do desejo", adotando uma expressão absolutamente incorreta. Opção implica escolha, mas nenhum ser humano "escolhe" sentir desejo por homens e/ou por mulheres. Acredito que muitos gostariam que a homossexualidade fosse uma opção porque isso lhes permitiria flexibilizar a sexualidade, variar o sexo do parceiro e não sofrer julgamentos e preconceitos.

Assim, o mais correto é falarmos em orientação sexual do desejo, uma vez que nosso desejo se orienta para determinado objeto amoroso. Não optamos, mas percebemos o desejo erótico, descobrimos algo que parece estar instalado em nós desde a infância. Fazer descobertas em relação ao corpo faz parte do desenvolvimento e do amadurecimento psíquico de todo ser humano. Muitas pessoas afirmam ter lembranças ligadas à própria homossexualidade de quando ainda tinham 4 ou 5 anos. Cientificamente, porém, não podemos classificar uma criança dessa idade como homo ou heterossexual. É o desenvolvimento do corpo e da psique que nos ajuda a ter certeza do nosso objeto de atração erótica. Ninguém, além de nós mesmos, pode nos dizer se somos homo, hétero ou bissexuais.

No mundo todo, cientistas de diversas instituições renomadas têm procurado um gene ou algo que determine biologicamente o desejo erótico, mas até o momento não se chegou a nada de conclusivo. É possível que descubram um gene ligado ao desejo erótico, mas os próprios pesquisadores já afirmam que tal gene apenas indicaria uma tendência à homo ou heterossexualidade, sem condenar o indivíduo a um desejo erótico definido.

Na verdade, não sabemos como e onde se forma a orientação do desejo sexual. Acredita-se que certos entrelaçamentos de aspectos biopsicossociais a determinem. Para alguns cientistas, isso ocorreria por volta dos 2 anos e meio de idade. Portanto, mais importante do que sabermos onde nasce o desejo erótico é percebermos que ele implica uma descoberta pessoal.

O desejo erótico não é influenciável, ao contrário do que se imagina. Se o fosse, não existiriam gays e lésbicas. A sociedade é heteronormativa. Tudo que nela existe foi feito pensando com a heterossexualidade em mente. Pais e mães educam os filhos segundo esse referencial. O preconceito social, a homofobia e muitas religiões combatem frontalmente a homossexualidade. E, com tudo isso, os homossexuais não se influenciam pela heterossexualidade, mesmo que muitos façam um esforço enorme para deixar de ser gays ou lésbicas. O desejo erótico tem força e expressão próprias.

Atitude e desejo sexual

O desejo sexual é um movimento erótico interno impulsionado por uma carga de atração física e emocional. Ao falarmos em *atitude sexual*, referimo-nos a uma reação física, um ato em que o outro é visto simplesmente como um corpo destinado a satisfazer uma necessidade biológica e psíquica relacionada ao sexo. É quase um processo masturbatório com a presença do corpo de outra pessoa.

O desejo sexual é a base da orientação afetivo-sexual, ao passo que uma atitude sexual pode existir de modo independente em relação à orientação do desejo. Por exemplo: na época da Segunda Guerra Mundial, muitas mulheres mantinham relações sexuais entre si, assim como muitos homens, no campo de batalha. Elas sentiam falta dos companheiros e seu desejo era claramente orientado para os homens, mas faziam sexo com mulheres para descarregar a energia sexual. Com a volta dos companheiros, essa prática automaticamente era abandonada.

Em muitos casos, homossexuais que não querem seguir sua orientação procuram igrejas ou profissionais que estimulem sua atitude sexual. Esses gays tentam anular seu desejo erótico e ter somente atitudes sexuais heterossexuais, o que provoca uma dor psíquica muito grande.

Muitos meninos fazem o famoso troca-troca, algo que está longe de ser considerado indício de homossexualidade, uma vez que, para a maioria, o objeto desejado internamente é uma pessoa do outro sexo. O que ocorre é um exercício de sexualidade, uma vazão de energia.

Em suma, todo ser humano pode ter uma atitude sexual envolvendo qualquer dos sexos, mas seu desejo interno, a libido, é que determina uma conduta homo, hétero ou bissexual.

Vale salientar que em nenhum momento usamos o termo "homossexualismo", pois a maioria das palavras com o sufixo "ismo" se refere a doenças ou síndromes. Mesmo que assim não fosse, quando tratamos do desejo heterossexual, não dizemos heterossexualismo, e sim heterossexualidade. Dessa forma, os termos homossexualismo e bissexualismo são considerados discriminatórios.

O que seria, então, a bissexualidade? Não se trata de uma atitude sexual envolvendo uma pessoa e um desejo erótico envolvendo outra, mas sim de um fenômeno caracterizado pelo desejo afetivo e sexual tanto por homens como por mulheres. Porém, ainda que o bissexual seja capaz de se relacionar tanto com homens como com mulheres, não podemos dizer que ele "optou" por isso. Não escolhemos, conscientemente, por quem nos apaixonaremos, assim como não escolhemos quem vamos desejar eroticamente.

Em suma, o desejo erótico pode ser homo, hétero ou bissexual.

Travestilidade e transexualidade

O hétero e o homossexual têm identidade sexual correspondente a seu sexo biológico. Já a travesti tem identidade dupla, ou seja, ela se sente homem e mulher ao mesmo tempo. A sensação de familiaridade com a identidade sexual feminina e masculina da travesti lhe confere – mais do que o desejo – a necessidade de adequar seu corpo aos dois sexos a que sente pertencer.

A travestilidade também não é opção. Muitas pessoas creem que a travesti seja um gay muito afeminado que resolveu virar mulher. Além de simplista, essa afirmação está recheada de equívocos. Diferentemente do gay, a travesti tem identidade dupla: masculina e feminina. Ela pode ter papéis sexuais tanto masculinos como femininos, pois, como já dissemos, isso depende de um processo de identificação com valores e costumes da sociedade.

Quanto ao desejo erótico, a travesti pode ser homo, hétero ou bissexual. A maioria delas se intitula homossexual, mas isso nem sempre se aplica. Quase todas sentem-se mulheres. Na maior parte do tempo, não desejam eroticamente os gays, e sim homens tipicamente heterossexuais. Se uma pessoa se identifica com características femininas, sente-se mulher e tem atração por homens, seu desejo é heterossexual. Logo, a maioria das travestis tem desejo heterossexual. Para que uma travesti com esse perfil tivesse uma relação homossexual, deveria ter ligações afetivas e sexuais com outra travesti.

Infelizmente, grande parte das pessoas associa as travestis à prostituição. É claro que, devido à dificuldade de conseguir emprego e à discriminação, muitas são obrigadas a se prostituir para sobreviver, mas há também diversas travestis que não o fazem.

Falemos agora da transexualidade. A identidade sexual da transexual é oposta ao seu sexo biológico. É como se o sexo ao qual seu corpo a condena fosse oposto ao de sua "alma". Nesse caso, a necessidade de correção do corpo para que corresponda à identidade sentida se faz urgente. Muitos transexuais se mutilam para poderem fazer a cirurgia de adaptação genital. A força da identidade sexual dá a tônica na construção da identidade de gênero.

A transexual também pode ser homo, hétero ou bissexual, e encontramos esse fenômeno também em mulheres. Algumas pertencem biologicamente ao sexo feminino, mas têm identidade masculina. Elas também "corrigem" o corpo: retiram os seios, tomam hormônios, deixam crescer pelos, barba e bigode e fazem a cirurgia de conversão da vagina em pênis. Depois da cirurgia, se desejarem eroticamente mulheres, serão consideradas heterossexuais; se desejarem homens, serão consideradas homossexuais.

E as *drag queens*? Elas se vestem de mulher para "brincar", para representar um papel. Seus trajes, sua maquiagem e seus gestos representam a exacerbação do feminino. Essas artistas desenvolvem um personagem e, com isso, muitas se profissionalizam, sendo contratadas para shows e festas particulares. Uma *drag queen* pode ser homo, hétero ou bissexual.

Aqui o que importa não é o desejo erótico, e sim o lado artístico que essas pessoas desenvolvem. Embora a grande maioria seja homossexual, esse não é o mote. É comum que artistas já consagrados desenvolvam personagens femininos, muitos deles parecidos com o que chamamos de *drag queen*, sendo irrelevante seu desejo erótico.

Vejamos um resumo do que foi dito até aqui:

Heterossexual

	HOMEM	MULHER
Sexo biológico "características genotípicas e fenotípicas do meu corpo"	Macho	Fêmea
Identidade sexual "quem acredito ser"	Masculina	Feminina
Papéis sexuais "como me comporto"	Variados, podendo ser masculinos e femininos	Variados, podendo ser masculinos e femininos
Orientação do desejo "quem desejo"	Sexo oposto	Sexo oposto

Homossexual

	HOMEM	MULHER
Sexo biológico "características genotípicas e fenotípicas do meu corpo"	Macho	Fêmea
Identidade sexual "quem acredito ser"	Masculina	Feminina
Papéis sexuais "como me comporto"	Variados, podendo ser masculinos e femininos	Variados, podendo ser masculinos e femininos
Orientação do desejo "quem desejo"	Mesmo sexo	Mesmo sexo

Bissexual

	HOMEM	MULHER
Sexo biológico "características genotípicas e fenotípicas do meu corpo"	Macho	Fêmea
Identidade sexual "quem acredito ser"	Masculina	Feminina
Papéis sexuais "como me comporto"	Variados, podendo ser masculinos e femininos	Variados, podendo ser masculinos e femininos
Orientação do desejo "quem desejo"	Atraído pelos dois sexos, tanto o masculino quanto o feminino	Atraída pelos dois sexos, tanto o masculino quanto o feminino

Travesti

	HOMEM	MULHER
Sexo biológico "características genotípicas e fenotípicas do meu corpo"	Macho	Fêmea
Identidade sexual "quem acredito ser"	Masculina e feminina	Feminina e masculina
Papéis sexuais "como me comporto"	Variados, podendo ser masculinos e femininos	Variados, podendo ser masculinos e femininos
Orientação do desejo "quem desejo"	Pode ser hétero, homo ou bissexual	Pode ser hétero, homo ou bissexual

Transexual

	HOMEM	MULHER
Sexo biológico "características genotípicas e fenotípicas do meu corpo"	Macho	Fêmea
Identidade sexual "quem acredito ser"	Feminina, oposta a seu sexo biológico	Masculina, oposta a seu sexo biológico
Papéis sexuais "como me comporto"	Variados, podendo ser masculinos e femininos	Variados, podendo ser masculinos e femininos
Orientação do desejo "quem desejo"	Pode ser hétero, homo ou bissexual	Pode ser hétero, homo ou bissexual

4. PERGUNTAS COMUNS FEITAS POR PAIS

Depois de todas essas explicações, que foram dadas em várias conversas, Raquel e Fernando ficaram bem mais tranquilos. Prometeram, então, refletir sobre tudo aquilo e retornar com perguntas.

E assim recebi o casal para mais uma sessão. Fernando disse ter relembrado suas primeiras atrações sexuais e como aquilo era espontâneo nele. Contou até que a mãe e o pai o repreendiam por olhar pelo buraco da fechadura para ver as primas tomando banho. Por conta dessa curiosidade, disse ter ficado de castigo várias vezes.

Raquel, por sua vez, contou que ficara imaginando como devia ser difícil sofrer discriminação e rejeição. A família e a escola ainda ostentam um método muito "bizarro" de educar. Ela lembrou que, quando menina, tinha orelhas de abano, e que sofreu com isso, recebeu inúmeros apelidos que a fizeram chorar muito e sentir uma dor sem tamanho. Disse não querer que Bruno sentisse tal dor. Fernando interveio dizendo que, caso Bruno passasse por aquilo, seus pais deveriam estar preparados para ajudá-lo a se defender.

Comecei, então, a responder às perguntas que o casal tinha feito, que podem ser as mesmas de muitos pais de adolescentes homossexuais.

Acho meu filho fantástico, superinteligente, mas – confesso – ainda tenho vergonha da homossexualidade dele. Como me livro dessa vergonha?

Aparentemente, sua maior preocupação é com a opinião alheia. Para que aceite seu filho, você precisa entender por que as opiniões dos outros, de maneira geral, são tão importantes para você. Apesar de expor de modo muito seguro o amor e a admiração que sente por seu filho, talvez você tema o julgamento que os outros vão fazer a respeito de sua forma de criá-lo. Talvez, e sei que muitos fazem isso, possam culpá-la pela homossexualidade do seu filho. Muita gente diz que a homossexualidade é produto de uma educação errônea. Mas isso não se aplica. A homossexualidade é tão somente outra maneira de expressar os desejos afetivos sexuais. Infelizmente, a nossa sociedade é muito preconceituosa. Não lhe parece estranho o mundo ficar aflito com um abraço entre homens? A mim, parece. Continuo acreditando que devemos ficar chocados com a agressividade e o desamor, não com amor, carinho e desejo. Vivemos numa sociedade baseada em valores muito distorcidos. O orgulho é o contraponto da vergonha. Tente não engolir a verdade alheia e mostre aos outros o orgulho que sente por seu filho.

Não queria que meu filho fosse gay, pois acho que ele vai sofrer muito e vai ser discriminado por todo mundo.

Na verdade, não conheço nenhum pai ou mãe que, ao engravidar, desejasse um filho homossexual. Principalmente quando estamos "grávidos", construímos mentalmente um futuro para nosso filho e colocamos nele uma série de expectativas de realização, sucesso e felicidade que, muitas vezes, nem mesmo nós alcançamos. Isso é inevitável. Desejamos o melhor para o outro, faz parte do amor. E respeitar o outro, mesmo sendo diferente de nós, indica mais amor ainda. Os pais deveriam, ainda durante a gravidez, aprimorar a capacidade de ser pai e mãe. Deveriam ir além de planejar o futuro dos filhos, reavaliando suas atitudes e procurando descobrir os fatores necessários para que se transformassem em pais suficientemente bons. Isso consistiria, entre outras coisas, em lidar com as possíveis angústias e decepções advindas de algumas atitudes dos filhos. Deveriam, enfim, dar-se conta quanto antes de que compete aos pais amparar, proteger e, ao mesmo tempo, ensinar autonomia. A pior discriminação que uma pessoa pode sofrer é a dos próprios pais. Sabemos que para um enfrentamento menos impactante o filho precisa do amor dos genitores. Com ele, vocês com certeza conseguirão instrumentar seu filho para enfrentar qualquer tipo de discriminação.

Temos muito medo das doenças sexualmente transmissíveis, da aids e das drogas. Por que só ficamos com isso na cabeça depois de descobrirmos a sexualidade do nosso filho?

Por uma questão histórica, os primeiros casos de aids foram descobertos entre a população homossexual americana. Infelizmente, claro que por conta do preconceito, a aids foi chamada de "peste gay", o que é de uma ignorância enorme, pois não existe nenhum vírus que detecte a orientação sexual de alguém e só se instale caso ele tenha esta ou aquela orientação. Contudo, a questão da aids reacendeu as discussões sobre a homossexualidade e os preconceitos vivenciados por essa população, tornando-a vulnerável. Ricardo Ayres (2002) esclarece que essa condição tem de ser analisada de três pontos de vista: o individual, o social e o programático ou institucional. Em primeiro lugar, como a homossexualidade é vista pelo próprio homossexual? Em segundo, de que forma a família, a escola, a igreja etc. tratam a questão? E, por fim, como o poder público lida com ela? Se a posição do indivíduo for de vulnerabilidade nessas três instâncias, ele sofrerá muito. Mas se em pelo menos uma delas houver apoio, a chance de lidar melhor com o preconceito aumentará. O fato de vocês estarem aqui, quebrando tabus e dando suporte ao Bruno, diminui muito essa vulnerabilidade, que poderia levá-lo a fazer sexo desprotegido e/ou utilizar drogas para atingir um falso estado de felicidade.

Bruno devia ter uns 8 anos quando o peguei fazendo troca-troca. Disfarcei e fingi que não vi. Será que ele é gay por causa disso?

Não. A curiosidade sexual e o troca-troca na infância estão ligados à descoberta e à investigação dos prazeres corporais que podemos sentir, e não ao desejo erótico. O troca-troca pode e deve ser encarado como uma brincadeira sexual praticada pela maioria das crianças, e isso não significa que elas se tornarão homossexuais. Grande parcela da população heterossexual fez essa brincadeira na infância e, à medida que a adolescência chega, o corpo foi se transformando e a prática perdendo a graça, uma vez que sua libido (energia sexual) dirigiu-se para aqueles por quem se apaixonaram erótica e afetivamente. É nesse momento, mais ou menos no final da adolescência, que os jovens têm condição de saber se desejam garotas ou rapazes.

Na infância, Bruno costumava ficar com minha sogra, pois tínhamos de trabalhar. Ela o mimava e fazia tudo que ele queria. Às vezes, ele se expressa com o mesmo jeitinho dela. Será que essa convivência pode ter contribuído para sua homossexualidade?

Não necessariamente seu filho é gay por isso. O jeitinho não quer dizer nada. O fato de ele ser educado e ter sido cuidado por mulheres pode tê-lo levado a imitar alguns trejeitos delas. Sendo menino, ele pode até ter se identificado mais com você, com a avó, com a tia, mas isso não significa que ele por esse motivo tenha se identificado com seu desejo erótico. Muitas mulheres identificam-se mais com o pai e nem por isso são lésbicas. É um erro pensarmos que tanto gays quanto lésbicas têm uma identificação sexual trocada, uma "alma" oposta a seu sexo biológico. E não podemos esquecer que muitos homens heterossexuais identificam-se mais com a mãe, o que não os torna homossexuais.

Sou uma mãe superprotetora. Durante os primeiros anos de vida de Bruno, Fernando trabalhava muito e não tinha muito contato com o filho. Ouvi dizer que essa pode ser uma das razões da homossexualidade dele. É verdade?

Existe uma crença de que mães superprotetoras e pais ausentes acabam tendo filhos gays. Isso não é verdade. Na pior das hipóteses, o excesso de carinho pode originar uma criança manhosa, com dificuldade de lidar com frustrações e acomodada. Se a combinação entre mães superprotetoras e pais ausentes propiciasse filhos gays, acredito que a grande maioria da população seria composta de homossexuais. Infelizmente, na nossa sociedade, a estrutura das responsabilidades da família favorece a ausência do pai e deixa a educação aos cuidados da mãe. Mesmo assim, não temos uma população majoritariamente homossexual.

No entanto, existe uma explicação para essa crença. Encontramos, em muitas famílias de homossexuais, mães superprotetoras e pais ausentes, porém não como causa, e sim como conseqüência, da homossexualidade. Percebendo que o filho é gay, o pai não se identifica com ele e se afasta. A mãe, por sua vez, superprotege-o contra os ataques que ele possa sofrer.

Eu poderia ter evitado que meu filho fosse gay?

Acreditamos que temos o poder de determinar atitudes, gostos e desejos de nossos filhos. Muitos creem que sejamos produto do meio. Sabemos que um ambiente propício permite um desenvolvimento psicológico e educacional mais enriquecedor. Mas, em relação ao desejo erótico, o que sabemos é que este não é influenciado pelo meio. Peguemos como exemplo a paixão: não escolhemos conscientemente por quem nos apaixonamos nem temos "controle" sobre o que sentimos. Além disso, o tempo todo recebemos influência do comportamento heterossexual – seja na família, na escola, nas novelas, nos comerciais. Como eu disse antes, nosso mundo é heteronormativo. Portanto, se a orientação sexual do desejo fosse influenciável, com certeza não existiriam homossexuais. Você pode, sim, influenciar seu filho ao orientá-lo quanto à administração de sua capacidade afetiva. Quanto ao desejo erótico, só nos resta torcer para que ele respeite e assuma o que sente. E que viva da maneira mais digna que conseguir.

É possível reverter a homossexualidade do meu filho?

Vamos por partes. Se seu pensamento propõe a reversão, isso já é um sinal de que há, em sua concepção, uma maneira correta de ser. E isso não é verdade: a homossexualidade, a bissexualidade e a heterossexualidade são maneiras pelas quais o ser humano demonstra o afeto e o desejo de vínculos amorosos. Todas são sadias. Porém, a sociedade estigmatiza qualquer outra forma de expressão que não a heterossexual.

Os pais, em geral, emitem mensagens negativas a respeito da homossexualidade, por meio de xingamentos e de ameaças de abandono, de surras e até de morte. Outros levam seus filhos a prostíbulos, acreditando que essa atitude, nada pedagógica, possa "reverter" a homossexualidade. Esse tipo de conduta apenas afasta pais e filhos. Existem "profissionais" e algumas religiões que afirmam poder "reverter" a homossexualidade. O método utilizado, normalmente, é o estimulo do desenvolvimento de uma culpa imensa e medos irracionais em relação às práticas sexuais. As consequências psíquicas dessa atitude são graves. A baixa autoestima pode levar à sabotagem da vida. Muitos tentam o suicídio, outros tantos começam a viver em desacordo com seu desejo erótico, ou seja, estabelecem uma relação heterossexual enganando o outro e, por vezes, a si próprios. Os agravos psíquicos e a sensação de não pertencimento são imensos. Na minha experiência clínica, percebi que, por mais difícil que seja, assumir a homossexualidade sempre tem menos consequências negativas do que reprimi-la e tentar ser uma pessoa que não se é.

Às vezes aparecem na TV casos de ex-gays. Como isso acontece?

Na verdade, isso é um grande engano. Trata-se de pessoas que, por temor religioso ou homofobia internalizada, resolvem suprimir o desejo. Não é fácil ser homossexual numa sociedade tão machista como a nossa. Sermos amados e aceitos é fundamental para o nosso desenvolvimento, e muitas pessoas perdem o amor e o respeito dos outros quando se assumem. A partir daí, a vida pode se complicar muito; então, alguns resolvem desenvolver uma atitude sexual diferente de seu desejo erótico. Para garantir essa atitude, essas pessoas necessitam, além da própria força de vontade, de um reforço social imenso. Algumas religiões conseguem garantir, por meio da palavra – que afirmam ser de Deus –, que o desejo fique reprimido por um bom tempo. Outras pessoas se apoiam em alguma autoridade familiar e na expectativa de seu grupo. Porém, por minha experiência clínica, posso dizer que essas pessoas têm uma vida muito sofrida, e a grande maioria não consegue vivê-la com plenitude e liberdade. Vários pacientes que atendi, levavam uma vida dupla. Não eram capazes de suprimir seu desejo e se colocavam, muitas vezes, em situações de risco para ter algum tipo de prazer. Não é fácil tentar ser o que não se é. Melhor é o que está acontecendo, ainda que lentamente: a sociedade se transformando e abraçando a todos os seus. Uma sociedade justa deve ser assim e, para isso, temos de usar a educação e a informação.

E se duas mulheres educassem uma criança? Isso influenciaria sua orientação sexual de alguma forma?

Geralmente, quando praticam ações positivas e transmitem bons exemplos, os pais aumentam a probabilidade de que seus filhos tenham bom caráter. Recebemos uma carga enorme de informações e julgamos atitudes segundo nossas sensações. Somos influenciados pela percepção que temos sobre determinado assunto. Inúmeras vezes, irmãos percebem de modo diferente a mesma atitude que o pai ou a mãe possam ter tido. Aquilo que é doloroso para um pode não ter significado nenhum para o outro. É dessa maneira que organizamos vivências, sentimentos, valores, e assim construímos nossa individualidade. Portanto, somos únicos e originais. Influenciados, sim, pelo ambiente, mas seletivos quanto aos modelos que vamos adotar.

Sei que parece besteira, mas se meu filho jogasse futebol ou lutasse jiu-jítsu em vez de praticar natação, ainda assim ele seria gay?

Infelizmente essa crença é comum. Achamos que um menino que jogue futebol, que lute caratê, que seja traquinas, não será homossexual. Acreditamos também que um menino mais sereno, que aprecie música clássica e não goste de esportes de contato, será gay. Claro que, se pararmos para pensar rapidamente demoliremos esses achismos. Porque é obvio que correr atrás de uma bola e berrar "gol!" não fará que automaticamente deseje uma pessoa do sexo oposto. Não há relação clara entre futebol e desejo heterossexual, assim como não podemos dizer que Chopin, Liszt e outros tantos autores de peças clássicas fizeram um tipo de música com a capacidade de transformar o desejo erótico de alguém.

Se pararmos para refletir, veremos que estamos confundindo heterossexualidade com agressividade. Meninos agressivos e briguentos "tranquilizam" mães e pais porque, com essa atitude, correspondem ao que se espera dos papéis masculinos na sociedade. Ao homem cabem a agressão e a força. À mulher cabem a doçura e a delicadeza. Estamos presos ainda a esses papéis determinados e acreditamos, erroneamente, que eles influenciam o desejo erótico. Que pena. Com isso, só perpetuamos o comportamento do macho agressivo *versus* a fêmea agredida e passiva.

Um colega me disse que achava que o filho era gay, mesmo não tendo nenhum "jeitinho". Ele contou que levava o menino para jogar futebol, para assistir a jogos no estádio, e que falava mal de todo gay que aparecesse na sua frente – fosse na rua, fosse na televisão. Esse colega acreditava que assim poderia ajudar o filho a tirar aquela "ideia" da cabeça...

Proferir mensagens negativas e preconceituosas para tentar desestimular o desejo erótico do seu filho não vai adiantar nada, e o efeito colateral será muito danoso: ele vai incorporar essas mensagens negativas e, consequentemente, sua autoestima ficará abalada. A matemática é simples: se ele é gay e vocês só dão informações negativas sobre essa condição, resta a ele sentir que está condenado a ser tudo aquilo de ruim que vocês dizem sobre a homossexualidade. Essa atitude também pode contribuir para dois prováveis comportamentos: ele pode se afastar, para que vocês não percebam como ele é "ruim" e não magoá-los com sua verdade; ou talvez, em nome do amor que sente por vocês, ele se reprima e leve uma vida dupla. Poderia até arrumar uma namorada e ter filhos, mas com certeza ele estaria vivendo sem prazer.

Se Bruno tivesse um irmão ele seria gay também?

Essa é outra questão polêmica. Várias pesquisas são feitas anualmente, mas até hoje nenhuma delas foi conclusiva. Os psicólogos Michael Bailey e Richard Pillard (*apud*. Nogueira, 2010) fizeram uma grande pesquisa em 2002 envolvendo gêmeos, e descobriram que 7% eram gays. Então, concluíram que, se há uma influência genética, ela é inexpressiva. É a combinação de fatores biopsicossociais feita pela psique que determina o desejo erótico.

Camila, irmã de Bruno, escutou uma conversa minha com Fernando sobre a sexualidade do irmão e reagiu muito mal. Ela disse que ele não era mais seu ídolo e que estava decepcionada. O que você diria para ela?

Por que decepcionada? O irmão continua sendo a mesma pessoa que sempre foi. Quando temos um ídolo, para mantê-lo nesse *status* exigimos que ele corresponda ao que gostaríamos que ele fizesse. E, com isso, esquecemos quem o outro realmente é, seus desejos, suas vontades. Pense nos super-heróis: Homem-Aranha, Batman, todos têm seu lado humano, mortal, que poucos conhecem. Todos amam os heróis quando precisam deles. Vamos dizer assim: o irmão é um super-herói para Camila, mas um herói que tirou a máscara, mostrando que é humano. Assim como nas histórias, ele não perde o heroísmo quando revela sua identidade. Portanto, acho que Camila ganhou um irmão de verdade e, agora, pode gostar de quem ele realmente é – e não só da fantasia que estava em sua mente.

Meu filho é muito vaidoso, e acho que parte disso se deve à natação, ele se depila inteiro. Será que isso já é um sinal da sua homossexualidade?

Determinar a homossexualidade de seu filho por essa característica não parece adequado. A vaidade e a beleza não definem a orientação sexual de ninguém. Entendo sua confusão, pois geralmente a sociedade qualifica a vaidade como característica mais feminina que masculina. Mesmo assim, o fato de uma pessoa se identificar com papéis do outro gênero sexual não implica, de forma alguma, homossexualidade. Muitas vezes, associamos erroneamente identificação com papéis sociais a orientação sexual do desejo. Um homem pode ter trejeitos femininos e até uma profissão tida como feminina e, ainda assim desejar eroticamente mulheres. Da mesma maneira, uma mulher pode ser mais embrutecida, pouco vaidosa, ter uma profissão tida como masculina e desejar homens.

De onde vem o desejo erótico?

É impossível precisar quando nasce o desejo erótico. Mas temos registros dele na nossa história. Temos lembranças de vontades, desejo e curiosidade com relação a um amigo, primo ou a uma professora. A memória de uma "paixão" pode ser clara para muitos de nós. A sexualidade que conhecemos quando adultos se configura com as mudanças físicas e biológicas ocorridas durante a adolescência. Com essa maturidade física, vem o amadurecimento psicológico e, conforme as nossas regras éticas e morais se consolidam, vamos nos preparando para uma relação sexual adulta. Não sabemos com exatidão o que forma nosso desejo. No entanto, podemos perceber as influências sociais sobre ele, as sensações do nosso corpo, como esse desejo se expressa, os sentimentos que temos em relação a nós e ao mundo. Tudo isso é muito dinâmico – e por isso de tão difícil de compreensão.

Se o meu filho gay não foi influenciado pelos amigos héteros, por que as pessoas pensam que um gay pode influenciar um hétero, levando-o a ser homossexual?

Um gay não tem o poder – ninguém o tem, aliás – de levar aqueles que estão ao seu redor a se tornarem gays. Somos influenciados por aquilo que, de certa forma, já desejamos internamente. Muitas vezes, são desejos ocultos. Um exemplo: por que um filho gosta mais de rock e o outro de MPB? Temos sempre a impressão de que certos grupos e/ou pessoas têm ascendência sobre nossos filhos e de que, talvez, tenham mais influência sobre eles do que eles imaginam. Não estou afirmando que o meio não é importante. Ele é sim – principalmente na infância e na adolescência, quando, mais do que nunca, precisamos ser aprovados e reconhecidos pelo grupo do qual fazemos parte. Para sermos amados e dignificados, muitas vezes nos submetemos a situações e a vivências de que não gostamos. Mas se realmente não nos identificarmos com essas experiências, certamente procuraremos outro grupo.

Meu filho é supersimpático, representante da turma do colégio e querido por todos. Tenho medo de que os amigos se afastem dele quando descobrirem sua homossexualidade, com medo de serem influenciados justamente porque ele é um líder. As mães dos amigos podem impedir a amizade deles...

> Ninguém é culpado pela hétero, homo ou bissexualidade de ninguém. Mais importante do que a dúvida que você possa ter em relação à influência de seu filho, o sentimento de culpa que ronda sua questão configura-se como o primeiro aspecto a ser esclarecido. É comum que pais e mães atribuam a si próprios ou ao filho a "culpa" pela homossexualidade. Não se conhecem, cientificamente falando, os motivos que levam uma pessoa a ser hétero, homo ou bissexual. Existe, segundo senso comum, uma crença errônea de que a homossexualidade é "contagiosa". Não é. Se seu filho tem um amigo gay, isso é um sinal de que ele não tem preconceito e sabe se relacionar com as diferenças. Se seu filho assumir a homossexualidade, tenha certeza de que não foi culpa do amigo – no máximo ele poderia, por intermédio desse amigo, enxergar seu real desejo. Nossa orientação sexual não é tão mutável assim. A capacidade de seu filho de se relacionar bem no colégio e de ser um líder em nada influencia seu desejo erótico. Portanto, não sinta culpa por algo que não está em seu poder.

Em casa todos nós nos beijamos, meu filho beija os amigos dele no rosto e não vemos problema nisso, mas alguns acham estranho. Estamos agindo de forma errada ao demonstrar afeto dessa maneira?

> Não. Vocês estão certíssimos. Porém, infelizmente, na nossa cultura, as manifestações de afeto, principalmente entre membros do gênero masculino, ainda são vistas como

manifestações de desejo erótico. Isso não é uma verdade. Parece que, para essas pessoas, a sexualidade masculina é muito frágil; elas creem que ela seja passível de ser manipulada e transformada. A tendência é que muitos mantenham papéis agressivos e não afetivos para garantir o desejo erótico heterossexual. Pais e mães têm de ficar atentos à perpetuação e manutenção desses papéis. O ser humano, em especial o do gênero masculino, está muito agressivo. Por isso, devemos ajudar nossos filhos para que sejam mais afetivos e amorosos. Percebemos que estamos evoluindo – ainda que a passos lentos – quando observamos, nos esportes, manifestações de carinho e apreço na comemoração da vitória. É importante que o gênero masculino consiga, assim como o feminino, aprender a demonstrar afeto.

5. NAMORO EM CASA?

Peguei minhas anotações e li para Raquel e Fernando algumas perguntas que haviam feito nos primeiros encontros.

Eu disse a eles:

– Vocês devem se lembrar desta pergunta: "Devemos aceitar o namorado de Bruno em casa, como aceitaríamos se ele namorasse uma menina?"

Raquel respondeu: "Difícil". E Fernando, de pronto, afirmou:

– Vamos ter de aceitar, Raquel. Sei que é difícil, pois a gente fica pensando nas coisas que ele possa estar fazendo sexualmente. Isso é muito difícil. Acho que sentiria a mesma coisa se minha filha arrumasse um namorado.

Raquel concordou e disse que, assim como não conseguia pensar numa relação sexual entre seus pais, não queria pensar numa relação envolvendo seu filho. Fernando assentiu, mas disse:

– Essa história de fazer sexo em casa é muito complicada. Permitir abertamente que os filhos façam sexo e durmam com os namorados não parece muito legal. No entanto, precisamos de estímulo para progredir na vida, e desejar espaço para fazer o que se quer é fundamental. Tenho amigos que têm filhos mais velhos que estão prostrados em casa; eles moram com os pais e não querem enfrentar a vida. Isso eu não quero para os meus filhos.

Raquel disse:

– Permitir que durmam em casa, que conversem no quarto, eu acho que tudo bem. Agora, deixar explícito que eles podem transar eu não dou conta, é meu limite. Mas não porque o Bruno gosta de outro garoto; temos uma filha e também não quero que ela transforme nossa casa em um local para morar com o namorado.

Fernando asseverou: "Se eles quiserem, vão fazer sexo na nossa casa, eles vão fazer". E, rindo, disse a Raquel: "A gente fazia escondido e isso nunca foi empecilho para nossa felicidade".

Raquel sorriu, meio envergonhada, e disse: "Não quero que eles mintam para a gente como a gente teve de mentir para nossos pais". Fernando a interrompeu:

– Não é questão de mentir. Você acha que nossos pais não sabiam que eu e você fazíamos sexo? Nós sabemos que nossos filhos futuramente farão. O problema não é mais o sexo, mas as regras que temos de estabelecer na nossa casa.

Eu intervim e mostrei a eles que estavam estabelecendo regras para a convivência, e não normas em função da sexualidade de Bruno. Fernando concordou:

– Quero continuar sendo pai do meu filho e que ele busque em mim força para suportar o preconceito que talvez enfrente fora de casa. Dentro de casa, espero que nunca enfrente isso.

Raquel aquiesceu:

– Embora eu não consiga imaginar meu filho fazendo sexo, não será isso que me impedirá de amá-lo. Quero Bruno perto de mim, quero saber com quem ele está se relacionando, quero respeitá-lo, e quero o amor do meu filho.

– Se ele não tiver nosso apoio, vai procurar em outro lugar, e não sei quem serão as pessoas que vão ajudá-lo – acrescentou Fernando.

Então, reforcei a importância de discutir aquele assunto. Lembrei-lhes que, em relação às regras da casa, eles teriam de estabelecê-las junto com Bruno, explicando que não se trata de castrar ou punir, mas de criar normas que promovam uma convivência harmônica.

A outra questão era como abordar Bruno e dizer que já sabiam da homossexualidade dele. Raquel disse: "Hoje, eu não tenho mais dúvidas sobre isso. Já saberia o que dizer". Fernando concordou, e indaguei que abordagem eles usariam para conversar com Bruno. Os dois, quase em uníssono, responderam: "Contando a verdade sobre a descoberta do diário e mencionando todos os nossos encontros com você". Fernando prometeu que eles falariam com Bruno e que, se ele quisesse, acompanharia os pais na próxima semana.

E assim aconteceu. Bruno apareceu com os pais. Aparentava estar extremamente feliz. Assim que entramos na sala de atendimento, ele disse: "Meus pais não são o máximo?" Concordei, sorrindo, e ele prosseguiu:

– Eu sabia que meus pais eram legais, mas não imaginava quanto. Eles terem te procurado para continuar me aceitando foi demais. Minha mãe é super aflita e ansiosa, mas sei que tudo isso é porque eles têm muito carinho por mim. O Pedro não acreditou na reação deles. Ele foi jantar em casa ontem e até ficou com medo de que fosse um trote.

Bruno falou um pouco do seu medo de perder o amor dos pais, de deixar de ser tão amado como ele se sentia. Raquel e Fernando estavam muito emocionados e, mais uma vez, declararam seu amor por Bruno. Senti que esse amor era verdadeiro e que eles formavam uma bela família.

A oportunidade que todos tiveram para crescer e fortalecer esse vínculo foi fantástica. Adoraria que, um dia, todos os jovens tivessem a mesma sorte de Bruno. Infelizmente, pais como Fernando e Raquel são raros.

Seis meses depois desse encontro, que foi nosso último, Raquel me ligou e contou que Bruno tinha passado na faculdade de medicina, continuava namorando Pedro, que Camila já aceitava o namoro e o clima entre todos estava ótimo.

PARTE 2
AS PRINCIPAIS DÚVIDAS DOS PROFESSORES

6. O PAPEL DA ESCOLA NA SOCIALIZAÇÃO

A escola é o lugar onde crianças e adolescentes aprendem a se socializar. Claro que nada substitui a formação e a educação familiar, mas sabemos que o convívio com o outro e o enfrentamento do mundo ocorrem nesse espaço, cuja importância vai muito além de ser o local das aulas de português e matemática. Os Parâmetros Curriculares Nacionais (Brasil, 1997, p. 27) dizem que as exigências do mundo contemporâneo

> apontam a relevância de discussões sobre a dignidade do ser humano, a igualdade de direitos, a recusa categórica de formas de discriminação, a importância da solidariedade e do respeito. Cabe ao campo educacional propiciar aos alunos as capacidades de vivenciar as diferentes formas de inserção sociopolítica e cultural. Apresenta-se para a escola, hoje mais do que nunca, a necessidade de assumir-se como espaço social de construção dos significados éticos necessários e constitutivos de toda e qualquer ação de cidadania.

Para que isso ocorra, precisamos acreditar, como educadores, que diferenças não são desigualdades. Temos de aprender que a inclusão só será válida se houver um processo de pertencimento, em vez de restringir a participação a algo que já está posto. O que todos queremos é fazer parte de algo, transformar o meio em que vivemos e colaborar para seu crescimento.

Nesse sentido, é necessário romper com algumas certezas. E a escola, verdadeiramente, precisa deixar de ser o espaço da indiferença para se tornar o da diferença. Ela precisa assumir que é um veículo de aprendizado social e arcar cumprir o seu papel de educar os jovens para que eles desenvolvam a consciência, o respeito e a afetividade.

Professores, funcionários, alunos e pais devem, assim, ter acesso a informações de qualidade sobre diversidade sexual e preconceitos. Essas temáticas têm de fazer parte da política pedagógica. Urge a formação de grupos de apoio na escola para que os jovens discutam a sexualidade.

Essas demandas são viáveis e se tornam bem-sucedidas quando as medidas são adotadas em rede. Parcerias com órgãos da saúde e conselhos tutelares têm dado bom resultado em várias partes do país, mas só quando realmente há colaboração; do contrário, o processo fica congelado. Ações individuais, com a participação da direção da escola, também dão frutos.

Mesmo assim, permanece o seguinte quadro: muitos educadores têm ideias preconceituosas e desqualificadoras em relação aos alunos. Precisamos destruir nossas certezas e conversar com eles, a fim de descobrir quem são nossos educandos, que visão têm de si, que conceitos, certezas e saberes rondam sua mente, o que pensam sobre a vida, a socialização, quais são seus valores e seus objetivos. Só assim conseguiremos despertar neles, na escola e nos demais educadores sentimentos como confiança, solidariedade, respeito, consideração e dignidade.

A heteronormatividade

Para desmistificar o adolescente homossexual, vamos falar sobre a realidade dessa população. Legítimo, com grande empatia, a forma como Didier Eribon retrata essas verdades em seu livro *Reflexões sobre a questão gay* (2008).

O gay, a lésbica, a travesti e o transexual podem e devem sentir de diferentes formas o que transcrevo aqui. Em relação à família, os pais, numa tentativa de "desestimular" qualquer manifestação homossexual, em geral optam por um método pedagógico nada eficiente, emitindo mensagens negativas sobre homossexualidade desde a mais tenra infância dos filhos. Com isso, o medo de rejeição e expulsão do convívio familiar torna-se constante. A sensação de não fazer parte daquele núcleo é a tônica. A incompreensão em decorrência da ignorância acerca dos fatos é enorme.

Muitos dos pais ainda acreditam que o filho optou por aquele comportamento para expô-los a julgamentos vexatórios de amigos e familiares. Outros tantos acreditam que erraram na criação, e achismos surgem como verdades. O jovem, não identificado com seu grupo familiar, sai à procura de amigos que, de alguma forma, substituirão a família que o "abandonou".

Na escola, impera a heteronormatividade. Os livros didáticos só trazem como modelo a relação homem-mulher. Exemplos de homossexuais famosos, bem-sucedidos, ou de vários tipos de família são esquecidos. A ausência de modelos homossexuais positivos transmite a sensação de que não existe futuro promissor para os jovens que seguem essa orientação.

Além disso, a homofobia e a intolerância do corpo docente são grandes. Muitos professores se omitem diante de agressões físicas e psicológicas sofridas pelos alunos. O *bullying* é presença constante na vida de estudantes homossexuais – mais acentuadamente na de travestis e transexuais –, fazendo que muitos abandonem a escola e passem a uma situação mais vulnerável.

O que esses jovens mais recebem no convívio com os colegas é o desprezo. A autoestima cai a níveis alarmantes. Muitos educadores e pais responsabilizam o próprio jovem por sua homossexualidade, atribuindo com sua incompreensão e desdém, um peso desnecessário a alguém que precisa de ajuda para se compreender. As consequências são negativas tanto para os homossexuais que demonstram sê-lo quanto para os que ocultam sua condição.

Muitos, percebendo essa hostilidade, escondem seu desejo, mantendo uma vida dupla e também infeliz. Com isso, internalizam a homofobia, perdem a esperança no futuro e adquirem comportamentos autodestrutivos. Pesquisas americanas mostram que o índice de suicídio entre adolescentes homossexuais é 40% maior do que entre heterossexuais (Eribon, 2008). A vulnerabilidade que se instala em relação a comportamentos que podem ameaçar sua vida é grande. E tudo por uma questão de incompreensão e preconceito, uma vez que já é sabido que a homossexualidade é simplesmente outra forma – também saudável – de viver os desejos eróticos amorosos.

Estereótipos

A mídia sem dúvida é uma das incentivadoras do preconceito, especialmente a televisão. Como ensina Irineu Ramos Ribeiro em seu *A TV no armário (2010)*, a homossexualidade quase sempre é retratada com representações negativas e jocosas, lugares-comuns e estereotipias, além de piadas de mau gosto.

Os comentários explicativos sobre a homossexualidade são difusos, geralmente tendo como base fatos dolorosos enfrentados por alguém que atribui à homossexualidade todos os seus percalços. Não é assim; homossexualidade não significa trauma, tampouco desvio. No entanto, a vergonha é um sentimento constante no homossexual, e da maneira como cada um reage a ela depende uma vida saudável e realizada. Esses jovens tentam encontrar mecanismos de compensação para sobreviver; uns estudam mais, outros transformam-se em "melhores amigos", sendo estes exemplos de saídas positivas. Já quando as saídas são negativas, temos um comportamento suicida ou o uso de drogas.

O senso comum crê que os homossexuais não têm responsabilidades, ou seja, não têm família e vivem de forma sexualizada. Como se pudessem viver do prazer só pelo prazer, sem criar vínculos.

Essas são algumas das situações pelas quais esses jovens passam. Uma família que compreenda seus filhos e uma escola que dê suporte para que o desenvolvimento e a socialização sejam eficazes podem transformar a vida de muitos. Relato a seguir dois exemplos de como, no ambiente escolar, estamos sujeitos a esses preconceitos.

Uma história

Uma educadora estava muito preocupada com um aluno da creche onde ela trabalhava. Contou que Daniel, 4 anos, vivia brincando com as panelinhas e o fogão das meninas. E, por isso, achava que ele era gay. Sempre que tentava retirar as panelinhas do menino, ele ficava muito irritado e a xingava. Fui até a creche para conhecer Daniel. Quando cheguei, vi-o cabisbaixo, quieto, próximo das panelinhas e do fogão.

Sentei-me ao seu lado e começamos a conversar. Eu arranjara outro fogão e já estava com as panelinhas na mão. Pedi ajuda a ele para cozinhar. Daniel ficou contente e, prontamente, começou a brincar, contando que tinha saudade do pai. Disse que o pai morava muito longe e que, quando ficava com ele, ambos brincavam muito.

Perguntei o que o pai fazia, e ele respondeu que era chapeiro, trabalhava num bar, e que, quando ia visitá-lo, o ajudava. Para a educadora e para mim, o mistério tinha acabado.

A que conclusão chegamos com essa história? Primeiro, ainda temos o preconceito segundo o qual quem cozinha está fazendo algo feminino, e assim concluímos erroneamente que tal pessoa teria as mesmas atitudes e desejos de uma mulher. Tal generalização pode parecer exagerada, mas não é. Tendemos a classificar as pessoas e a rotulá-las em função de uma ou outra atitude que ela possa tomar. Outro equívoco da educadora foi atribuir uma suposta homossexualidade a uma criança de 4 anos; como dissemos na primeira parte do livro, o desejo sexual por pessoas do mesmo sexo só se define no fim da adolescência. Daniel estava, na verdade, por meio da brincadeira, trazendo seu pai para mais perto de si.

Outra história

Ao dar um curso de capacitação para professores, percebi logo no início das aulas que uma professora me olhava com ar de reprovação. Ao término dos trabalhos, ela quis falar comigo em particular. Disse:

– Sou evangélica e acredito muito no que a religião diz sobre o que é certo e o que é errado. Mas, depois desses três dias de aula, percebi que a religião diz uma coisa e a ciência outra. Meu vizinho é homossexual e todo mundo na rua sabe disso. Toda vez que o encontrava, eu dizia que ele era uma aberração e que tinha de mudar, que estava errado. Ontem, depois da sua aula, eu fui até a casa dele para pedir desculpas. Ele chorou muito, e eu percebi que ele não é desse jeito porque quer. Ele é uma excelente pessoa. Apesar de a minha religião dizer o contrário, eu me senti bem melhor assim. Acho que Deus deve ter me apoiado.

Essa professora estava aberta para o aprendizado e conseguiu entender que a escola, assim como o Estado, é laica. O país tem uma Constituição e leis que garantem que a vida seja respeitada por todos. Ela pôde perceber que a homossexualidade é uma outra verdade e, portanto, natural para quem a sente.

7. PERGUNTAS COMUNS DE EDUCADORES

Nos inúmeros cursos e palestras que ministro, a maioria dos professores e gestores mostra-se sempre curiosa e aberta em relação ao tema da homossexualidade. Alguns, mais resistentes no início, acabam mudando de ideia e depois me escrevem contando como a conscientização transformou sua prática pedagógica.

Reproduzo a seguir as perguntas mais comuns feitas por educadores. Algumas delas já foram respondidas na primeira parte do livro, o que comprova que a união entre pais e corpo docente é fundamental para a eliminação do preconceito.

Para facilitar, dividi as perguntas em eixos temáticos.

Dúvidas gerais

Eu e meu marido estamos enfrentando um problema doloroso: minha filha de 22 anos, graduada em pedagogia, revelou que há um ano está vivendo um relacionamento homossexual e mora com uma garota. Somos evangélicos, acreditamos na Bíblia e, cremos que os homossexuais não vão para o céu. Eu sou um pouco mais aberta e estou conseguindo pelo menos conversar com ela, mas meu marido se afastou dela e está sofrendo demais, só

chora e se pergunta por que isso aconteceu. Estou muito preocupada com ele, não sei mais como agir.

Eu sei, assim como você, que sonhamos e planejamos o melhor para nossos filhos. Mas como saber o que é melhor para a vida do outro? Muitas vezes não conseguimos definir isso nem para nós mesmos. O que de fato sabemos é que o melhor é viver com dignidade, na medida do possível respeitando as nossas vontades. Entendo a dor que vocês estão sentindo. Por outro lado, sintam orgulho da sua filha por ter contado a verdade. Ela poderia, assim como muitas pessoas, levar a vida de maneira camuflada, escondida. Mas parece que ela aprendeu, graças a vocês, o significado do amor. Contando para vocês, ela quer que vocês participem da vida dela.

Vivemos numa sociedade que admite várias verdades, constituídas pelo que preconizam o Estado, a família, os amigos, a escola. A trama de todas essas verdades fornece suporte para que formemos conceitos éticos que orientem nossa vida. A sua religião, como várias outras, pode condenar a homossexualidade. Por outro lado, sua religião, e talvez todas as outras, não condena a capacidade de amar do ser humano. Sua filha pode ter descoberto, apesar de toda a dor, uma forma feliz de viver. Nós, como pais, bem sabemos a dificuldade para respeitar o outro quando ele tem valores e ideias diferentes dos nossos. Mas é papel de pai e de mãe tentar diminuir a angústia do filho e torcer para que ele seja feliz mesmo escolhendo caminhos que nós não escolheríamos. Por falar em escolhas, é importante lembrar que a homossexualidade, assim como a heterossexualidade, não é uma escolha, não é opção. Sua filha percebeu-se gostando e desejando uma pessoa do mesmo sexo. Se seu marido está chorando hoje, pode ter certeza de que sua filha também deve ter chorado muito antes de encontrar uma forma digna de encarar a verdade dela. Seu marido, assim como você, pode estar se perguntando onde ocorreu a falha na educação para que ela demonstrasse esse comportamento. Não se preocupem. A "culpa" não é de vocês, nem de sua filha, a culpa não é de ninguém. A verdade científica diz que sua filha não é doente, tampouco desviante. Ela é tão normal quanto qualquer pessoa heterossexual. Gosto dessa verdade, e gosto de lembrar que, em todas as religiões, o que Deus mais admira é nossa capacidade de amar. Talvez seja este o momento da grande prova. É hora de reavaliar a capacidade que vocês têm de amar como pai e mãe.

Tenho um aluno que apanha toda semana dos colegas; ele é meio gay. Eu disse que ele devia se comportar de outra maneira (cortar os cabelos, as unhas), ficar com jeitinho mais de menino. Aí ele chorou muito e disse que não conseguia. Fiquei confusa e não sei o que fazer.

Em primeiro lugar, não podemos "diagnosticar" ninguém em função do jeitinho. Você está se referindo provavelmente a trejeitos femininos que esse garoto pode ter incorporado. Mas isso não significa muita coisa, meninas podem ter jeito de "moleques", nem por isso desconfiamos que são lésbicas. Você diz também que essa criança não corta as unhas nem o cabelo. Não sabemos o que de fato pode estar acontecendo. Ela pode estar confusa quanto a sua identidade sexual ou estar sofrendo violência doméstica – no caso, negligência. Talvez a família não tenha condições de vestir bem o garoto e nem perceba que este é diferente dos outros meninos.

Como ele está apanhando dos colegas, você precisa se reunir urgentemente com a direção da escola e tomar uma atitude. Mesmo que todas as suas hipóteses sobre a orientação sexual dessa criança fossem verdadeiras, ele jamais poderia sofrer discriminação e violência no ambiente escolar. Ao dizer que pediu que ele cortasse o cabelo e as unhas, você está quase admitindo que ele seja responsável pelas agressões que sofre. Na grande maioria das vezes, não percebemos os trejeitos de papéis que incorporamos, nem eles são uma opção. Essa criança precisa de ajuda, mas não para mudar de comportamento. Ela não está errada em nada. A escola é que tem de se transformar para poder "abraçar" todos os seus alunos, com todas as diversidades que possam ter.

Uma aluna de 16 anos é lésbica, mas não consegue contar para a ginecologista, que sempre faz perguntinhas e insinuações sobre namorados e meninos. O que ela pode fazer?

Diga para sua aluna que essa situação, provavelmente, é um dos primeiros enfrentamentos que ela terá na vida. Infelizmente, as pessoas ainda são educadas para pensar num mundo no qual só existe uma verdade. Essa situação, de fato, é constrangedora, mas representa uma possibilidade para que sua aluna se afirme como cidadã. Ela pode contar à médica sobre sua condição lésbica e, caso a profissional reaja mal, deverá exigir um bom atendimento – trocando de médico, caso necessário. Mostre a ela que existem pessoas com muitos preconceitos, mas também que preconceito tem cura. Ressalte que essa batalha está apenas começando e que o problema não é dela, aluna, mas da médica e de outras pessoas que, como ela, não conseguem ver o mundo de maneira mais ampla.

Por que os gays são sempre cabeleireiros ou enfermeiros?

Os gays não se dedicam apenas a essas profissões. Eles atuam em vários nichos no mercado de trabalho. É verdade que muitos profissionais dessas duas áreas são gays, pois não encontram preconceito, tampouco resistência em relação a profissionalização. Da mesma forma, não podemos achar que todos os gays são criativos e simpáticos – isso seria um preconceito positivo, mas ainda um preconceito. Muitos gays, por um caminho de compensação, demonstram amabilidade e simpatia para não serem excluídos; por isso, muitos serviços de auxílio e cuidado com o outro são feitos por gays.

Sou professora no interior de São Paulo. Estive na capital e fiquei assustada com a quantidade de gays que vi na rua, de mãos dadas e abraçados. Por quê? Será que as grandes cidades propiciam o aumento da homossexualidade?

Realmente, nas grandes cidades encontramos um número maior de gays. A vida no interior, para muitos, é povoada de perseguições e discriminação. Diversos gays migram para as cidades grandes para ficar no anonimato e levar uma vida preservada de invasões, perseguições ou chacotas. Fazem amizades que se tornam intensas, e esses amigos podem constituir uma nova família. Mas, apesar de viverem em grandes centros populacionais, não estão necessariamente em segurança. Muitos vivem em guetos para proteger-se e preservar-se.

Trabalhando os preconceitos

Quando uma colega me contou que era lésbica, quase caí da cadeira. Trabalhamos juntas há quatro anos e nunca desconfiei de nada. Não consigo tratá-la com a mesma naturalidade. Como reverter esse quadro?

Vou lhe responder com várias perguntas, para que você refletia e, como você mesma disse, tente reverter sua atitude. A primeira pergunta é: por que isso mexeu tanto com você? Pelo que você conta, sua amiga nunca tentou seduzi-la ou algo parecido. Por que o relacionamento de vocês precisa mudar? Por que o desejo dela a incomoda tanto? Por que você perdeu a naturalidade quando sua amiga partilhou com você esse grande segredo? Você não acha que em uma amizade deve haver espaço para que duas pessoas possam dizer suas verdades? Pense em tudo isso.

Vi uma aluna beijando outra menina no banheiro da escola. Quando a interpelei, ela disse que não era lésbica e que adorava meninos. Quero acreditar nela, mas não sei...

Existe uma diferença entre atitude sexual e desejo sexual. O desejo erótico e afetivo nos impulsiona e faz que nos envolvamos com uma pessoa de maneira mais inteira e plena. A atitude sexual está ligada a uma prática erótica que pode variar de um beijo a uma relação sexual, porém desprovida desse desejo sexual mais profundo. Um exemplo: comenta-se que nos presídios a prática sexual entre homens é comum. Por falta de uma companheira, eles mantêm relações sexuais entre si. Ainda assim, não podemos dizer que eles são homossexuais, mas sim homens heterossexuais que têm uma atitude homossexual. Hoje em dia, talvez por modismo, as meninas têm se beijado nas baladas e festas, mas não porque necessariamente sintam *desejo* erótico por outra mulher. Como sua aluna, essas meninas têm uma *atitude* homossexual e *desejo* heterossexual. Conversando com algumas delas, o que pude perceber é que a maioria beijava outra mulher para chamar a atenção de algum rapaz. Diz-se por aí que o desejo de todo homem é ver duas meninas juntas, e infelizmente uma parte delas se submete a essa fantasia para conquistar o amado. Continue acreditando em sua aluna e entenda esse comportamento como se fosse uma espécie de troca-troca entre adultos.

Uma mãe veio me contar que leu o diário do filho, que é meu aluno e tem 17 anos. Ela disse que ele teve relações com outros meninos. No entanto, ele tem uma namorada, com quem achamos que ele ainda não fez sexo. Estamos confusas. Como posso ajudar essa mãe?

Várias coisas podem estar acontecendo com seu aluno. Vejamos algumas possibilidades. Talvez ele deseje eroticamente outros rapazes mas não consiga admitir isso para si mesmo; namorar uma garota pode ter sido o meio que encontrou para tentar encobrir ou disfarçar sua homossexualidade. Se for isso, claro que não será bom, pois ele estaria enganando não só a si próprio como à namorada e à família. Outra possibilidade é que ele, de fato, deseja eroticamente uma mulher, no caso a namorada. E que, como ainda não transou com ela, esteja deslocando seu impulso erótico em direção a outros meninos; consequentemente, estaria tendo uma atitude homossexual. Outra hipótese é que seu aluno tenha capacidade de desejar eroticamente tanto meninas quanto meninos. Portanto, não tire conclusões precipitadas. Continue trabalhando seus preconceitos e, se a vida sexual de seu aluno for relevante para um processo educacional satisfatório, converse com ele. Só ele poderá dizer o que realmente está acontecendo.

Sou professora, mãe solteira, estou grávida e vou ter um menino. Como posso educá-lo para que ele não se torne gay?

Não existe fórmula nem maneira de evitar esta ou aquela orientação sexual. Não temos controle sobre isso. Quanto à educação de seu filho, o que você pode fazer é não depreciar a imagem do outro sexo. Nunca diga a ele, por exemplo, que todos os homens são cafajestes, que não prestam etc. Possivelmente essas informações vão influenciá-lo e farão que se familiarize com a ideia de que, se ele é homem, independentemente da atitude que tenha, será reconhecido como tal.

Meu filho tem 6 anos e fica imitando os bailarinos de funk da televisão. Ele rebola muito; será que vai virar gay?

Dançar e rebolar não tem nenhuma ligação com homossexualidade. Muitos homossexuais não gostam de dançar nem têm aptidão para tal. Um dos maiores bailarinos clássicos da nossa história, Mikhail Baryshnikov, é heterossexual. Quanto a imitar, todos nós imitamos personagens, aprendemos maneirismos que incorporamos ao nosso repertório de atitudes. Quando crianças, tendemos a imitar nossos heróis, ídolos e gestos de familiares. Tendemos a copiar as pessoas que são aclamadas, valorizadas e desejadas por sua maneira de ser. No caso de seu filho, talvez mais importante do que a dança, seja a admiração que as pessoas sentem por ele quando está dançando.

Um aluno meu é muito sensível, "dodói" mesmo. Será que tem tendência à homossexualidade?

Se seu aluno está manhoso e muito chorão, vale a pena ter uma conversa para saber o que realmente está acontecendo com ele. Mas fique atenta, pois corremos o risco de cometer um erro enorme na educação dos meninos ao exigirmos deles atitudes sempre práticas e agressivas. Geralmente, associamos afetividade a homossexualidade. Parece que só conseguimos conceber um homem heterossexual "típico", aquele que é duro, seco e, sobretudo, agressivo. Qualquer atitude com alguma carga de afetividade demonstrada por um menino é vista com desconfiança. É preconceito também achar que todos os gays são sensíveis e amáveis. Alguns têm atitudes absolutamente iguais às dos héteros "típicos".

O papel do educador

Um aluno de 15 anos me contou que é gay. Eu não quis ouvir e agora finjo que ele não disse nada. Acho que assim eu o estou respeitando. Estou certa?

Infelizmente, a maioria dos professores ostenta essa mesma atitude. Há um limite muito estreito entre respeitar o outro e omitir-se. Seu aluno confiou a você a verdade emocional dele. Isso não é pouco. Existem várias maneiras de conversar com seu aluno sem invadir a intimidade dele. Não precisamos, por exemplo, conhecer detalhes das práticas sexuais dos nossos alunos, aquilo que fazem na intimidade. Muitas vezes, ouvir a resposta para esse tipo de pergunta é muito difícil – assim como não suportamos imaginar as práticas sexuais dos nossos pais. Mas seu aluno deve estar precisando da sua palavra, do seu carinho, enquanto você finge não saber de nada. Isso deve estar distanciando vocês dois, e assim você perde a oportunidade de orientá-lo e ajudá-lo. Fingir não é a solução. Não se esqueça de que você é educadora, e faz parte desse papel dar acolhimento e ajudar seu aluno a enfrentar o mundo.

Uma mãe veio me contar que é divorciada e tem um casal de filhos: uma menina de 14 anos e um menino de 15. Hoje, ela está namorando outra mulher, sendo que mora com ela. Seus filhos

(meus alunos) sabem disso, e, pelo que a mãe pôde perceber, encaram numa boa. Porém, eles não convidam os colegas para brincar em casa. Ela me pediu que conversasse com eles sobre isso, mas não sei bem o que dizer...

> Você deve fazê-lo da mesma forma que abordou a relação afetiva da mãe: com naturalidade e objetividade. O importante é perceber que os filhos são bem resolvidos e não têm preconceito contra a mãe. Mas talvez os amigos deles não tenham essa mesma capacidade. Converse com eles sobre um possível autoisolamento intencional da parte deles. Às vezes, o nosso medo provoca resistência à aceitação dos outros. Não existem fórmulas mágicas, eles já têm idade para começar a se defender de possíveis preconceitos que possam sofrer. É preferível enfrentar o outro, perceber que o outro está errado, a recuar em função de um preconceito que não cabe mais em nossa sociedade. Você deve ter ensinado muitas coisas boas para eles; ensine mais essa. Talvez seja importante fazer uma ação envolvendo a classe, ou até todo o colégio, para mostrar os vários tipos de família que temos hoje e como a sociedade evolui quando consegue abraçar sua diversidade. Com certeza, a escola estaria ajudando os seus alunos e a família a se integrarem melhor.

Meu aluno veio conversar comigo e disse que o irmão era gay. Ele queria saber se viria a ser gay também. Eu desconversei, pois não sabia o que responder.

> Diga que não necessariamente. Para ser considerada homossexual, a pessoa deve sentir desejo erótico pelo mesmo sexo. O simples fato de ter um irmão gay não implica que seu aluno também o seja. Não há nenhuma comprovação científica para essa hipótese, embora existam famílias com dois ou mais irmãos que se descobriram homossexuais. A

ciência ainda não definiu em que momento e por que meios o desejo erótico é determinado. Talvez a resposta não esteja em só um fator, mas sim numa soma de fatores biopsicossociais que poderiam orientar a expressão do desejo erótico para a homo ou a heterossexualidade.

Uma mãe veio me contar que ela é superprotetora e tem um marido ausente, e que ela ouviu dizer que isso pode levar as crianças a se tornarem homossexuais. É verdade?

Existe uma crença popular segundo a qual mães superprotetoras e pais ausentes acabam tendo filhos gays. Isso não é verdade. Na pior das hipóteses, excesso de carinho pode resultar em uma criança manhosa e com dificuldade de lidar com a frustração, não persistindo naquilo que deseja. Se a união de mães superprotetoras e pais ausentes sempre propiciasse filhos gays, acredito que a grande maioria da população seria assim. Infelizmente, na nossa sociedade, muitos pais são omissos na relação com os filhos; nem por isso temos uma população majoritariamente homossexual. No entanto, encontramos, em muitas famílias de homossexuais, mães superprotetoras e pais ausentes, mas não como causa, e sim como consequência, da homossexualidade. O pai, percebendo que o filho é gay, não se identifica com ele e se afasta; a mãe, notando que o filho é homossexual, o superprotege.

Sou professor, gay e tenho um relacionamento estável com outro homem. Queremos adotar uma criança. Eu gostaria de um menino, mas meu companheiro acha melhor uma menina, porque assim não corremos o risco de ter um filho gay. Estamos errados?

Sim! A grande maioria dos gays tem filhos heterossexuais. E qual seria o risco dessa influência de vocês sobre o menino? E, mesmo que ele fosse gay, qual seria o problema, se a homossexualidade não é doença nem perversão? A homossexualidade é simplesmente outra maneira de expressar a sexualidade, e vocês sabem que não se trata de uma opção. Ninguém a escolhe, portanto, não é influenciável. Não fiquem presos ao julgamento que o mundo pode fazer em relação à educação que vocês querem dar a seu filho. Deem o melhor que puderem, essa é sempre a melhor saída.

Tenho uma colega que, assim como eu, é professora. Ela me contou que o marido dela a procurava sexualmente todo dia. Depois de "velho", com todos os filhos encaminhados na vida, ele admitiu que era gay e foi morar com outro cara. Como pode?

Provavelmente, o marido dela já devia saber de seus próprios desejos por outro homem. Assumir a homossexualidade não é fácil; perceber que tem desejo por outros homens menos ainda. É provável que o marido de sua amiga, percebendo que tinha tais desejos, estivesse tentando esconder de si próprio esse fato, confirmando sua heterossexualidade por meio das relações sexuais diárias com a esposa. Após ter "cumprido" com aquilo que a sociedade espera, ou seja, casou-se, criou os filhos e os encaminhou, não conseguiu mais reprimir seus desejos. Muitos poderiam pensar: se ele reprimiu esses sentimentos por tanto tempo, por que não o fez por mais alguns anos, já que, assim, não decepcionaria ninguém? Trata-se de um pensamento simplista. Viver a nossa verdade talvez seja a grande meta e proporcione o maior prazer que o ser humano possa sentir. Apesar de todas as conquistas que o marido de sua amiga possa ter tido, com certeza a de viver sua real história é a que mais lhe vale.

Um aluno meu acha outros homens bonitos, e me perguntou se seria gay por conta disso. Eu não soube o que dizer e disse que ia me informar antes de dizer qualquer coisa...

Parabéns pela sua iniciativa de não apelar para respostas fáceis. Respondendo à pergunta, não, isso não faz dele gay. Homens podem achar outros homens bonitos e não os desejar eroticamente, assim como ocorre com as mulheres – na nossa cultura, é muito comum que se elogiem, se admirem. As mulheres que agem assim não se consideram lésbicas apenas por esse motivo.

Por que os gays não gostam que se fale em "opção" sexual?

Porque não é correto dizer "opção", que significa escolha, o que só existe quando temos duas coisas de igual significado e valor. Se o desejo erótico fosse opcional, teríamos de desejar homens e mulheres e sentir atração por ambos com a mesma intensidade. Assim poderíamos fazer uma escolha. Mas não é isso que ocorre. A heterossexualidade também não é uma opção. Ninguém, em nenhum momento da vida, para afim de decidir se irá gostar de homens ou mulheres. Portanto, o termo "opção" está errado. Além do mais, ele delega à pessoa, nas entrelinhas, a responsabilidade por sua condição: "Se o outro optou por isso, ele que se responsabilize e assuma as consequências". É assim que as pessoas ignorantes tratam a questão da homossexualidade. O termo científico correto é "orientação sexual do desejo", pois entendemos que o desejo erótico pode se voltar tanto para a hétero, como para a bi ou a homossexualidade. A maneira como ele se orienta dentro de nós é um mistério; por isso, dizemos que essa orientação sexual do desejo se configura de acordo com fatores biopsicossociais.

Cabe lembrar que o termo correto é "homossexualidade" e não "homossexualismo", uma vez que o sufixo "ismo" é normalmente usado para designar doenças ou perversões.

Por que os gays são superafetados, põem silicone e viram travestis?

O gay pode até ser afetado, ou seja, identificar-se mais com posturas femininas do que com masculinas, mas isso não significa que gostaria de ser mulher. Ele tem identidade masculina e deseja manter-se assim. Aqueles que colocam silicone e se vestem como mulheres são travestis ou transexuais. Nos dois casos, os indivíduos sentem necessidade de exibir em seu corpo traços da identidade sexual que sentem ter.

A luta por direitos

Queria dar uma palestra sobre homossexualidade na escola, então tentei encontrar gays e lésbicas que não fossem estereotipados para darem depoimentos. No entanto, não consegui. Por quê?

Entendo sua questão e realmente não deve ser fácil. Porque, para muitos, assumir determinado estilo de vida pode ser complicado. Infelizmente, eles sentem que poderiam perder o emprego ou ser tratados de maneira inadequada pela família e por outros grupos sociais ao qual pertencem. Ao mesmo tempo, creio que a maior visibilidade pode ajudar o mundo a respeitar mais os homossexuais. Acredite: não é fácil para eles manter a autoestima inabalada sempre que há um julgamento, uma piada sobre o assunto; qualquer gay ou lésbica sente, em menor ou maior grau, um incômodo. Assumir a homossexualidade pode significar virar alvo de chacotas que abalam o moral. Porém, a cada ano, mais pessoas estão se afirmando em sua homossexualidade. Os últimos quinze anos têm sido de avanços enormes na luta por direitos e visibilidade. Quando os direitos realmente forem respeitados e a sociedade se prestar ao papel de proteger seus cidadãos, tenho certeza de que, então, você terá muitas pessoas dispostas para dar depoimentos aos seus alunos.

Os homossexuais não gostam que a gente faça piada sobre eles. Isso não é muita frescura?

Não é frescura, não. As piadas e as chacotas tendem sempre a colocar o homossexual numa posição de inferioridade ao heterossexual. O problema não são as piadas, mas a hierarquia de valores que os seres humanos vão estabelecendo. Na mídia, quem vale mais: um homem branco heterossexual ou um homossexual negro e estereotipado? E por quê? É disso que todas as organizações reclamam e, por isso, reivindicam seus direitos. Os negros têm conquistado espaço e respeito na mídia, mas ainda falta muito. Os gays também querem a valorização e o respeito que os héteros possuem. Rir é ótimo, mas a depreciação da imagem de uma pessoa não deve ser o motivo do divertimento.

Costumo dar aulas sobre diversidade sexual. Um aluno me chamou a atenção pelo fato de eu utilizar um caso isolado para explicar a homossexualidade. Por que isso não é correto?

O problema não é aproveitar um caso como exemplo, mas sim adotá-lo como explicação da homossexualidade. Pensemos na heterossexualidade: com quantas maneiras diferentes homens e mulheres heterossexuais contam para expressar sua sexualidade? Há homens héteros que são briguentos, atrevidos, lascivos, infiéis. Outros são fiéis, comedidos, atenciosos, companheiros. Todas essas variações existem também entre os homossexuais. Alguns adoram festas, são sociáveis e divertidos; outros, preferem o sossego do lar e atividades mais intelectuais. Enfim, falar de um perfil e generalizá-lo como comportamento de todos não só empobrece o assunto como cria uma imagem falsa daquilo que se quer transmitir.

Sou diretora de escola e meu filho é um dos nossos alunos. Nossa relação é bem conflituosa, mas sempre tivemos muita certeza do amor que sentimos. Ele está com 16 anos e, sempre teve namoradas. Agora, no entanto, está dizendo que é gay. Nunca desconfiei de nada. Tenho certeza de que ele faz isso para me agredir. Por quê?

Vamos pensar: por que seu filho transformaria a vida dele só para agredi-la? Da maneira como você a expressa, parece que a relação entre ambos é baseada no esquema vítima/agressor. Não acredito que seja assim. Acho que você deve ter uma importância muito grande na vida do seu filho. Sua indignação denota certa dificuldade de aceitar que ele tenha vontades e desejos diferentes de sua expectativa. Talvez para você seja muito difícil perceber que o mundo corre independentemente de sua vontade e que nosso desejo não basta para que as coisas aconteçam. Não se sinta agredida por, quem sabe, ter de enxergar seu filho de uma maneira diferente daquela que você imaginou. Mesmo porque, na grande maioria das vezes, nós mal conseguimos nos transformar naquilo que queremos – sendo muito mais difícil transformar a vida do outro.

A homossexualidade na escola: dilemas

Como abordar o tema homossexualidade na sala de aula?

Existem várias maneiras de falar sobre igualdades e diferenças. No caso de crianças, uma possibilidade é lhes pedir que façam desenhos retratando a família. Com base nessa produção será possível explicar que há diversos modelos de família: pai, mãe e filhos; avó, pais e filhos; avô, avó e netos; pai e mãe; um monte de irmãos sem pai nem mãe... E por que não dois pais ou duas mães? Enfim, são muitas combinações e todas elas têm valor. A família é um núcleo importante quando serve de base para aprendermos a lidar com emoções, como lugar de apoio na dificuldade, como meio para compartilharmos nossa vida e nos ajudarmos.

Com os alunos mais velhos, é possível falar objetivamente. É importante sempre ressaltar que homossexualidade, heterossexualidade e outras identidades de gênero não são opções, mas formas de expressar as emoções e desejos. Todas são corretas e sadias. O preconceito é que é a doença a ser combatida. Não se esqueça: preconceito tem cura. Tenho certeza de que você vai encontrar uma maneira criativa de abordar esses conceitos na sala de aula. Trabalhe em você as possíveis dificuldades que possa ter com o tema. A partir daí, certamente encontrará o caminho.

Tenho um aluno de 6 anos que penso ser gay. Como posso ter certeza?

Não pode. A única pessoa que poderia dar essa informação seria ele próprio, porém um garoto de 6 anos ainda não tem noção do que sejam homossexualidade e heterossexualidade. Nessa idade, as crianças têm curiosidade sexual, vivenciam a descoberta de prazeres corporais e se interessam pela intimidade do outro. Se é que isso nos compete, só na adolescência, quando já se tem maturidade física e emocional, poderemos falar em desejo erótico. Nessa fase, já está formado um núcleo erótico que não tínhamos quando crianças. Antes, mais novos, podemos imitar o comportamento do adulto, o que é muito diferente de sentirmos o que o adulto sente.

Falando mais especificamente sobre sua pergunta, talvez você queira dizer que esse menino tem trejeitos ou atitudes iguais aos da maioria das meninas. Assim, é importante salientar que a presença de comportamentos e trejeitos femininos num menino não indica que ele será gay, assim como meninas com comportamento tipicamente masculino não serão necessariamente lésbicas. E, em uma cultura em constante transformação, os papéis sexuais e sociais são variáveis. Por exemplo, o que é considerado masculino em São Paulo pode não o ser no Acre. Portanto, cuidado. Não devemos – nem podemos – "diagnosticar" alguém baseados em seus maneirismos e trejeitos.

Dou aula para o último ano do ensino fundamental e um dos meus alunos se veste como mulher. Ele sofre muita recriminação dos colegas. Como não entendo o comportamento dele, finjo que não vejo, mas gostaria de ajudá-lo. O que eu poderia fazer?

Num primeiro momento, tente descobrir em que situação vive esse aluno. Talvez a família dele seja negligente com relação aos cuidados físicos e psíquicos de que qualquer criança necessita. Verifique, com jeito, se as vestimentas femininas não são resultado da falta de condições econômicas. Às vezes, famílias de baixa renda não conseguem comprar roupas adequadas ao gênero sexual de seus filhos. Eliminados os fatores externos, deve-se prestar atenção no comportamento desse menino. Não se pode, de forma alguma, atribuir a ele a homossexualidade ou qualquer outra variação de identidade de gênero. Pode até ser um caso de travestilidade ou transexualidade. Um garoto que usa roupas femininas na escola não o faz porque "quer", mas porque não consegue ser de outra forma. Seria uma violação interna não se vestir de acordo com o sexo a que sente pertencer. Pode-se trabalhar em sala de aula a evolução das vestimentas e sua importância na caracterização da personalidade de cada um. Respeitar nossa maneira de expressão é condição básica de civilidade.

Cabe ao professor e à escola impedir que esse aluno sofra perseguições e humilhações. Se vocês decidirem desenvolver um trabalho sobre diversidade sexual, cuidem para que ele não seja colocado em evidência na ocasião. Sei que é difícil, mas sugiro que vocês comecem abordando os temas envolvidos com a diversidade – como violência, dignidade, tolerância e autoestima. Todas essas questões relacionam-se com a dificuldade desse jovem e fazem parte da realidade dos outros alunos. O que você e a escola não podem fazer é se omitir diante da violência. E isso não só em relação a esse aluno.

Sou professor do ensino médio e tenho um aluno assumidamente gay que está tentando me seduzir. Não quero magoá-lo, mas não sei mais como sair da situação. Já me vi correndo para sair da sala após a aula, para que ele não viesse falar comigo. O que faço?

Pelo que você conta, a situação parece bem constrangedora. Fico imaginando como você reagiria se fosse uma aluna que o assediasse. Talvez você tenha de usar com o rapaz o mesmo expediente que adotaria para sair de situações difíceis com as garotas. Isso parece óbvio, mas acho que o assunto fica delicado porque você não quer magoar ou fragilizar esse seu aluno. Acredito que um "não" dado de maneira clara e que não desvalorize o outro seja o modo mais eficaz de dizer algo que possa causar dor. Se mesmo essa opção lhe parece muito difícil, deixo uma dica: tente avaliar até que ponto realmente o incomoda essa aproximação.

Minha religião condena a homossexualidade e eu, pessoalmente, também não concordo com ela. Como posso falar desse assunto na sala de aula?

A escola é um espaço laico. A Constituição reza que ela tem de abraçar todas as verdades religiosas, destinando a elas igual importância e reconhecimento. As nossas crenças religiosas precisam ser guardadas para nós ou transmitidas para quem deseje ouvi-las. No caso de aulas para crianças, o ensino de conteúdo religioso depende da permissão dos pais. Você tem o direito de concordar com sua religião e ter seus valores pessoais. Mas, na escola, é preciso tratar todos os alunos como iguais, saber conduzir os diferentes e valorizar a possibilidade de uma convivência pacífica entre todas as diversidades que possam surgir. A verdade científica é a que deve ser adotada na escola. Vale lembrar que a Constituição diz que todos são iguais perante a lei sem distição de qualquer natureza. É na sala de aula que aprendemos a conviver com aqueles que são diferentes de nós e a respeitá-los. Podemos ser diferentes, mas isso não significa que sejamos desiguais. Se você conseguir enfatizar esse direito – a igualdade entre todos –, já estará combatendo o preconceito e não cometerá o equívoco de impor sua verdade religiosa.

Tenho um aluno de 11 anos que não gosta de jogar futebol e só conversa com as meninas. Tenho certeza de que ele é gay!

Não gostar de jogar futebol não significa ser homossexual. Muitos craques de futebol são gays. É também muito comum acreditar que meninos precisem ser agressivos. A ausência de agressividade nos garotos é logo associada à homossexualidade. Isso é um erro. Andar com meninas pode ser, para esse garoto, uma alternativa para ampliar as amizades. Provavelmente, os meninos o tenham excluído.

Trabalhe isso de uma maneira diferente: crie grupos mistos, mostre os valores de todos e a importância dessa convivência.

Sou diretora e temos um casal de alunos gays no colégio. Os pais sabem da homossexualidade e respeitam o desejo dos filhos. No caso de alunos que namoram, abraços e beijos leves são permitidos no intervalo, na hora do lanche, na entrada e na saída. Não sei o que fazer com o casal homo. Os outros professores acham um absurdo eu permitir que eles namorem publicamente, então pensei em não deixar que mais ninguém namore no colégio. Seria a melhor atitude?

Com certeza não. Sua escola está precisando de um bom trabalho com o corpo docente. O preconceito dos professores pode ser perigoso, pois ele pode instigar o *bullying* contra o referido casal. E se você tomar a atitude de não permitir mais o namoro no colégio, esse mesmo casal será julgado responsável por essa mudança. O melhor caminho a seguir é o do respeito às expressões de amor. Assim será possível trabalhar o conceito da não violência. Debata com os professores sobre a questão da impossibilidade de viver aquilo que trazemos de mais bonito em nós: nossa capacidade de amar e a maneira natural que encontramos para expressar nossa sexualidade.

Desfazendo os achismos

Vi na TV uma reportagem dizendo que as crianças – meninas ou meninos – que sofrem abusos tendem a se tornar homossexuais. É verdade?

Não, não é. Ninguém sabe ao certo a origem da homossexualidade. As explicações são sempre confusas. As pessoas muitas vezes utilizam sua história para explicar um fenômeno que ocorre com os outros. Se levássemos essa premissa a sério, então, os homossexuais representariam 60% da população. Estima-se que essa quantidade de pessoas tenha sofrido violência sexual na infância – em níveis variados, do assédio ao estupro. Mas isso não é determinante na formação do desejo erótico de uma pessoa. O abuso sexual pode levar à sexualidade precoce. Assim, homossexuais que foram abusados na infância podem ter descoberto sua homossexualidade mais cedo. A mídia, muitas vezes, pode atrapalhar e confundir as pessoas com respostas evasivas, utilizando-se de um exemplo e generalizando-o. É preciso ter cuidado com os achismos, os quais, quando ditos por um professor ou por um apresentador de televisão, podem fazer que anos de um processo educacional benfeito vão por água abaixo. Essas pessoas não podem se esquecer de que têm uma responsabilidade enorme, pois são formadoras de opinião. Desconfie, critique, busque em várias fontes a resposta àquilo que estiver procurando.

Sou professora e acho muito estranho que duas meninas fiquem se agarrando na escola. Tenho vontade de contar para os pais delas. Conto ou não conto?

Se elas têm essa atitude tão explícita, é muito provável que a família já saiba. Mas, se não souber, que consequências seu ato teria? Entendo que você sinta dificuldade em olhar para demonstrações de afeto; de fato, vivemos num mundo em que a agressão e o descaso fazem parte da regra. Se sua escola permite o namoro de garotos e garotas heterossexuais, não pode proibir o de homossexuais. Essa atitude é discriminatória, preconceituosa. Olhe para você e descubra por que se incomoda tanto; às vezes, isso acontece por não estarmos acostumados a ver determinada coisa. Acredito que seja um novo desafio para todos nós habituarmo-nos a expressões afetivas. Vamos, então, começar.

Tenho um aluno gay que é supercaprichoso, tem letrinha de moça, é atento e muito inteligente. Por que o gay é mais inteligente que o hétero?

Não é bem assim. Vários gays não têm boa caligrafia nem são tão inteligentes quanto você afirma. Mas encontramos muitos com as características que você citou. Muitos são corteses, esforçados e aplicados em decorrência de um mecanismo de compensação. O medo da rejeição e a sensação de exclusão acabam levando, em muitos casos, a uma maior dedicação em relação às tarefas que tenham de fazer. A aceitação se torna a tônica e a meta a ser atingida.

Todo gay quer ser menina?

Não. O gay não quer ser menina. A identidade sexual do gay corresponde a seu sexo biológico. O gay sente-se homem e quer sê-lo. Tanto que muitos desenvolvem suas características masculinas – fazendo ginástica, por exemplo – para ganhar um aspecto mais viril e másculo. O que pode tê-lo confundido é o fato de que o gay "brinca" com as características femininas. Talvez até se fantasie de mulher, mas isso não significa que queira ser uma. Quando identificamos alguém que se diz gay e quer ser mulher, trata-se provavelmente de um caso de travestilidade ou transexualidade, por envolver uma pessoa que sente pertencer a um gênero sexual diferente do seu sexo biológico. No entanto, não é necessário que nos preocupemos em tentar classificar as pessoas. O importante é sabermos que essas são maneiras de ser, e não opções.

Salas separadas, só de meninos e só de meninas, propiciariam que os alunos se tornassem homossexuais?

Não. Essa convivência com os iguais não determina a homossexualidade. Se fosse assim, nossos pais e avós seriam gays e lésbicas. As classes mistas podem proporcionar às crianças o desenvolvimento do respeito a outro gênero sexual. Você deve estar querendo saber se a homossexualidade é fruto do confinamento. O que pode ocorrer quando a pessoa é privada de ter relações sexuais com quem deseja é que ela tenha uma atitude homossexual, o que já sabemos ser diferente de um desejo erótico homossexual. Exemplificando: mulheres heterossexuais encarceradas podem até ter uma atitude homossexual, mas seu desejo erótico permanecerá o mesmo. Em liberdade, voltarão a ter comportamento heterossexual.

Eu não tenho preconceito, mas acho que os gays não deveriam demonstrar afeto em lugares públicos.

Que bom que você não tem preconceito contra as pessoas homossexuais. Mas parece que você se incomoda com manifestações de carinho e afeto. Então, você deve ter preconceito contra as expressões amorosas. Olhe para você. Perceba que seu incômodo vincula-se a coisas boas, positivas. As pessoas precisam ter o direito de expressar seus afetos. Vamos lutar para que o mundo fique cada vez mais afetivo.

Sou diretora e uma das professoras da minha escola é lésbica. Será que isso vai influenciar as meninas?

Se houver influência e algumas meninas se assumirem lésbicas, a professora não poderá ser responsabilizada por essa condição. O máximo que ela poderia fazer seria transmitir a imagem de uma pessoa autêntica e que não tem vergonha de ser quem é. Essa seria a única influência possível. A orientação sexual não é influenciável. Se assim fosse, seríamos todos heterossexuais, uma vez que o mundo é heteronormativo.

Tem um garoto na escola com um problema de identidade. Ele não se assume como menino e quer sempre usar o banheiro das meninas. Conseguimos administrar a questão da identidade dele, mas surgiram novos transtornos. Agora ele quer ser chefe de torcida e baliza na fanfarra da escola. O que podemos fazer?

Vejo que vocês já têm um bom ponto de partida, pois perceberam que têm um aluno cuja identidade é diferente de seu sexo biológico. Noto também que já entenderam que isso não é homossexualidade. De alguma forma, esse aluno se vê como menina, sente-se e comporta-se como tal. O que vocês me dizem é que esse aluno está apresentando um problema disciplinar e, talvez, vocês não estejam sabendo o limite entre discipliná-lo e podá-lo como pessoa que está expressando e vivendo sua identidade. Se esse aluno fosse uma menina, seu comportamento seria adequado? Ele deve seguir as mesmas regras que seriam impostas a uma aluna.

Combatendo o preconceito

As pessoas costumam associar pedofilia à homossexualidade. Por quê?

O *Dicionário eletrônico Houaiss da língua portuguesa* (2001) define a pedofilia como "perversão que leva um indivíduo adulto a se sentir sexualmente atraído por crianças" e "prática efetiva de atos sexuais com crianças (p. ex., estimulação genital, carícias sensuais, coito etc.)". Infelizmente, a nossa sociedade tende, de maneira preconceituosa e discriminatória, a associar tudo que possa haver de perverso ou doente à homossexualidade.

Afinal, o que é *bullying*? Como podemos diminuir a violência na escola?

Segundo a Associação Brasileira Multiprofissional de Proteção à Infância e à Adolescência (Abrapia),

> o termo *bullying* compreende todas as formas de atitudes agressivas, intencionais e repetidas, que ocorrem sem motivação evidente, adotadas por um ou mais estudantes contra outro(s), causando dor e angústia, e executadas dentro de uma relação desigual de poder. Portanto, os atos repetidos entre iguais (estudantes) e o desequilíbrio de poder são as características essenciais que tornam possível a intimidação da vítima.[1]

Eis alguns exemplos de ações que podem caracterizar o *bullying*: colocar apelidos, ofender, humilhar, fazer sofrer, discriminar, excluir, isolar, ignorar, intimidar, perseguir, assediar, aterrorizar, amedrontar, tiranizar, dominar, agredir, bater, chutar, empurrar, ferir, roubar e quebrar pertences.[2]
Em média, 30% dos estudantes sofrem violência ou *bullying*; entre as vítimas estão os gays e os garotos afeminados. A autoestima desses estudantes fica minada, e a sensação de perseguição continuada provoca de pânico a um sentimento de impotência que, às vezes, demanda um longo trabalho psicológico.

---

1. Disponível em: <http://www.bullying.com.br/BConceituacao21.htm#OqueE>
2. Idem

Um dos motivos para que o *bullying* se propague deriva do seu "efeito manada". Em uma situação de grupo, alguns indivíduos, acalorados por uma opinião, podem agir de forma absolutamente irracional. São exemplos disso as agressões das torcidas de futebol. Recentemente, tivemos o caso da aluna Geisy Arruda, que foi hostilizada por uma horda de universitários somente porque gosta de vestir roupas mais curtas.

A escola, junto com a família e os alunos, tem o poder de estabelecer novos padrões de comportamento e atitudes mais positivas em relação ao mundo e, mais especificamente, ao outro. Precisamos assumir que a sociedade é diversa, plural, e que todos podem conviver harmoniosamente. Isso já seria um bom começo. A violência vem do desrespeito, da frustração e do abuso de poder. Olhar para as consequências pode ser uma maneira de combater suas causas.

Tenho um aluno que é soropositivo e contraiu o vírus da mãe, já falecida. Ele está muito bem e saudável, mas alguns meninos da escola descobriram essa história e ficam chamando-o de gay. Por que isso?

Dois trabalhos poderiam ser desenvolvidos no colégio. Primeiro, seria bom falar com alunos e professores sobre a questão da soropositividade, as formas de contaminação, os avanços da medicina em relação ao vírus HIV e à aids. Outro campo de ação poderia ser o trabalho com os preconceitos que essa doença trouxe para os portadores do vírus e para a própria sexualidade. Muitas pessoas ainda acreditam – de forma absolutamente errônea e perigosa – que o vírus só é transmitido por homossexuais. É verdade que os primeiros casos de aids foram encontrados num grupo de homossexuais masculinos dos Estados Unidos. Hoje, porém, sabemos que outras pessoas já haviam falecido em decorrência dessa doença muitos anos antes. A aids foi tida como epidemia nos anos 1980; nessa época, muitos a denominavam "peste gay". Essa expressão ignora o fato de que um vírus não tem capacidade para desvendar quem é ou não homossexual. Outra consequência dessa crença equivocada foi a falta de proteção, por parte dos héteros, em suas relações sexuais, o que provocou uma epidemia também nessa população.

Apresentar informações claras sobre as formas de contaminação e sobre como a doença tem atingido as diversas populações não só vai ajudar a dissolver esse preconceito, como pode evitar que outras pessoas se contaminem no futuro. Quem mais contrai o vírus, hoje, são as mulheres heterossexuais. Combata a crença enganosa de seus alunos. Além de ajudá-los fornecendo informação, eles não terão mais um terreno fértil para plantar o preconceito.

O que você faria se, em sua aula, um aluno gay provocasse os meninos para que passassem a mão nele? Forma-se um cenário de bagunça, de promiscuidade...

É claro que estamos falando de um comportamento inadequado. Se você tivesse uma aluna hétero que agisse assim, ficaria confortável? Com certeza não. Nesse caso, o aluno vulgariza o próprio corpo e permite determinadas atitudes num local inadequado. A sala de aula e o colégio, de modo geral, não é um espaço conveniente para a troca de intimidades sexuais. Assim, é preciso repreender o aluno – pela atitude, e não pelo desejo erótico. Lembrando: não devemos destacar a homossexualidade, não é esse o problema, e sim o uso que o aluno está fazendo dela.

Talvez ele esteja reagindo de maneira agressiva para se proteger da agressividade dos outros. Veja se não é o caso: para não ficar acuado e com medo da discriminação, ele faz um jogo com o intuito que o outro fique inibido e desconcertado. Os cuidados com o próprio corpo vão muito além da higiene. Não permitir abusos faz parte dessa prática e evita situações de violência.

Em que idade podemos afirmar que um aluno é gay?

Não podemos afirmar isso em nenhum momento. A única pessoa que pode dizer isso é ele próprio. Em relatos clínicos, muitos gays contam que já se percebiam homossexuais desde a infância, mas somente na adolescência, quando passaram pelas transformações físicas típicas, tiveram certeza. Observamos que essa sensação e essa descoberta são iguais para os heterossexuais. Nesse caso, meninos e meninas percebem, de alguma forma, seu desejo ou, pelo menos, admiração por alguém do sexo oposto; com o amadurecimento, apoderam-se da capacidade de viver o desejo sentido.

Ouvi falar que a homossexualidade não é mais doença. Antes era?

A homossexualidade foi retirada do Código Internacional de Doenças nos anos 1970, quando os pesquisadores concluíram que ela não era desvio nem perversão, e sim outra maneira de expressar a sexualidade. Os fetiches e as perversões estão sempre ligados a uma parte do corpo do outro ou a algo que o represente. Por exemplo, há pessoas que admiram cabelos e somente com um chumaço deles conseguem ter prazer erótico. Outros se satisfazem com roupas íntimas. A homossexualidade não é assim. Ela implica gostar do outro por inteiro, transcender seu corpo, ou seja, um desejo de formação de vínculo mais profundo. Sendo assim, a comunidade científica percebeu que o amor não pode ser patológico. Infelizmente, achismos e crenças ignorantes se impõem contra o direito universal de todos de manter vínculos amorosos de acordo com os próprios sentimentos.

O que é homofobia?

É o termo utilizado para identificar o *ódio*, a *aversão* ou a *discriminação* contra *homossexuais* e, consequentemente, contra a *homossexualidade*. A base sobre a qual se instala a homofobia é o preconceito. E, assim como ele foi aprendido em alguma etapa da vida, é possível eliminá-lo com informação e o desejo de aprimorar e enriquecer as crenças individuais e coletivas. A homofobia no Brasil é um caso sério: somos campeões na prática de assassinato de gays. Segundo o relatório anual do Grupo Gay da Bahia (GGB), em todo o país, 198 homossexuais foram assassinados em 2009 – ou seja, praticamente uma morte a cada dois dias. Destes, 117 eram gays, 72 travestis e 9 lésbicas. É o maior número do mundo em relação a 2009, seguido do México, com 36 homicídios, e dos Estados Unidos, com 25. Os estados brasileiros que lideram essa estatística negativa são a Bahia e o Paraná, com 25 crimes contra lésbicas, gays, bissexuais, travestis e transexuais. Quanto à forma de ocorrência dos assassinatos, 34% se deram com o uso de armas de fogo, 29% com armas brancas (como facas), 13% por espancamento, 11% por asfixia e 13% de outras maneiras. De 1980 até 2009, os mortos somaram 3.196. É um absurdo que apenas o preconceito e a dificuldade de lidar com as diferenças tenham levado a tamanha violência.

Como dizer aos pais de um aluno que suspeita-se que seu filho seja homossexual?

Em primeiro lugar, gostaria de entender os fatores que levariam a essa suspeita. O não enquadramento nos papéis tipicamente masculinos e femininos? Ou seja, o menino que não se encaixa nas brincadeiras dos outros meninos e a menina que prefere jogos violentos à delicadeza das bonecas? Ou o fato de alguém da escola ter flagrado as crianças fazendo um troca-troca ou com curiosidade a respeito do corpo do outro? Não podemos esquecer que brincadeiras sexuais, a partir de 2 anos e meio, são comuns. Será que cabe a nós o diagnóstico da intimidade sexual dos alunos? Nosso papel é cultivar o ambiente a fim de que não se torne hostil para que todos os alunos, homossexuais ou não, sintam o prazer e a liberdade de existir.

A maneira com que você expõe o problema poderia ser interpretada como forma muito sutil de preconceito, já que dá a ideia de que seu aluno pode estar contaminado ou com um desvio de comportamento. Não se trata de doença, mas esses "suspeitos" podem ficar psiquicamente enfermos e fragilizados se o mundo os tratar dessa forma. Se de fato forem homossexuais, cabe a eles o direito de contar a quem quiserem. Homossexualidade não equivale à má conduta, não há motivo para anotá-la na caderneta e pedir a assinatura dos pais, esperando que estes punam os filhos por seu comportamento. Pense nisso.

Se a homossexualidade não é doença, então é normal? Se for, por que os homossexuais não têm o direito de se casar?

A homossexualidade não é doença. É normal para quem a sente, sendo tão sadia quanto a hétero e a bissexualidade. O que atribui a ela esse caráter é o preconceito. Muitas das pessoas que detêm o poder acreditam em uma verdade absoluta e não conseguem entender que existem várias verdades. Há diversas maneiras corretas de fazer um bolo, de arrumar a casa, de acreditar em Deus, de se vestir, de apreciar uma música. Tudo depende do gosto e do interesse. Com o desejo erótico e as manifestações de afeto ocorre a mesma coisa. Somos parecidos uns com os outros, afinal somos todos da mesma raça. Mas, ao mesmo tempo, temos a individualidade, que nos torna originais. Assim, existem infinitas possibilidades de expressar afetos e opiniões, e todas podem ser sadias e verdadeiras.

Para que o casamento gay seja legalizado, é necessária a aprovação dos órgãos superiores do Estado. Muitas entidades governamentais e não governamentais estão se esforçando para conseguir garantir esse direito, porque somos todos cidadãos e temos de ser tratados como iguais. Só que muitos daqueles que são responsáveis pelas leis deixam-se influenciar por crenças pessoais, preconceitos, fé religiosa, e não agem com a devida isenção para garantir o direito de todos. Melhorarmos, esse é o caminho.

REFERÊNCIAS BIBLIOGRÁFICAS

AYRES, José Ricardo Carvalho Mesquita. "Práticas educativas e prevenção de HIV/aids: lições aprendidas e desafios atuais". *Interface. Comunicação, Saúde, Educação*, São Paulo: Fund. UNI/Unesp. v. 6, n. 11, p. 11-24, ago. 2002.

AYRES, José Ricardo Carvalho Mesquita et al. "Vulnerabilidade e prevenção em tempos de aids". In: BARBOSA, Regina Maria; PARKER, Richard. *Sexualidades pelo avesso – Direitos, identidades e poder*. Rio de Janeiro: IMS/Uerj/Editora 34, 1999.

BRASIL. SECRETARIA DE EDUCAÇÃO FUNDAMENTAL. *Parâmetros Curriculares Nacionais: Introdução aos Parâmetros Curriculares Nacionais*. Brasília: MEC/SEF, 1997.

BUTLER, Judith. "Corpos que pesam: sobre os limites discursivos do sexo". In: LOURO, Guacira. *O corpo educado. Pedagogia da sexualidade*. Belo Horizonte: Autêntica, 2001.

ERIBON, Didier. *Reflexões sobre a questão gay*. Rio de Janeiro: Companhia de Freud, 2008, p. 1.380.

FERREIRA, Aurélio Buarque de Holanda. *Novo dicionário Aurélio da língua portuguesa*. 2. ed. revista e aumentada. Rio de Janeiro: Nova Fronteira, 1986.

GIDDENS, Anthony. *Sociologia*. Rio de Janeiro: Artemed, 2005.

HOUAISS, Antônio. *Dicionário eletrônico Houaiss da língua portuguesa*. Rio de Janeiro: Objetiva, 2001.

JUNQUEIRA, Rogério Diniz (org). Diversidade sexual na educação: problematizações sobre a homofobia nas escolas. Brasília: MEC/Unesco, 2010.

Nogueira, Paulo. "O polêmico gene gay". Disponível em: <http://revistagalileu.globo.com/Revista/Galileu/0,EDR80153-7943,00.html> <http://revistagalileu.globo.com/Revista/Galileu/0,EDR80153-7943,00.html>. Acesso em: 30 ago. 2010.

Picazio, Claudio. *Diferentes desejos – Adolescentes homo, bi e heterossexuais*. São Paulo: GLS, 1998.

_____. *Sexo secreto – Temas polêmicos da sexualidade*. São Paulo: GLS, 1999.

Ribeiro, Irineu Ramos. *A TV no armário – A identidade gay nos programas e telejornais brasileiros*. São Paulo: GLS, 2010.